U0498354

本专著是"高职财经类'校企阶段性双轨交互式'现代学徒制人才培养模式研制与实践"（项目编号191044）和重庆市肖妍"双师型"名师工作室研究成果。

金融类专业现代学徒制改革实践探索

JINRONGLEI ZHUANYE XIANDAI XUETUZHI
GAIGE SHIJIAN TANSUO

杨小兰　章文芳　赵　蕊　著

西南财经大学出版社

中国·成都

图书在版编目(CIP)数据

金融类专业现代学徒制改革实践探索/杨小兰,章文芳,赵蕊著.—成都:西南财经大学出版社,2022.3
ISBN 978-7-5504-5115-5

Ⅰ.①金… Ⅱ.①杨…②章…③赵… Ⅲ.①金融学—高等职业教育—学徒—教育改革—研究—中国 Ⅳ.①F830

中国版本图书馆 CIP 数据核字(2021)第 209315 号

金融类专业现代学徒制改革实践探索

杨小兰 章文芳 赵蕊 著

责任编辑:廖术涵
责任校对:周晓琬
封面设计:杨红鹰 墨创文化
责任印制:朱曼丽

出版发行	西南财经大学出版社(四川省成都市光华村街55号)
网　　址	http://cbs.swufe.edu.cn
电子邮件	bookcj@swufe.edu.cn
邮政编码	610074
电　　话	028-87353785
照　　排	四川胜翔数码印务设计有限公司
印　　刷	四川煤田地质制图印刷厂
成品尺寸	170mm×240mm
印　　张	10.5
字　　数	171 千字
版　　次	2022 年 3 月第 1 版
印　　次	2022 年 3 月第 1 次印刷
书　　号	ISBN 978-7-5504-5115-5
定　　价	45.00 元

1. 版权所有,翻印必究。
2. 如有印刷、装订等差错,可向本社营销部调换。

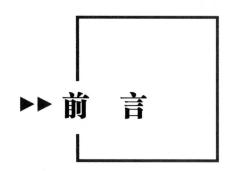

▶▶ 前　言

　　现代学徒制是以校企合作为基础，以学生（学徒）的培养为重心，以课程为纽带，以学校、企业的深度参与和教师、师傅的言传身教为支撑的新型校企共同育人模式。它是企业工作本位职业培训与学校本位学历教育的紧密结合，是产与教的深度融合，其核心要素与基本特征是校企一体化双元育人，学徒具有双重身份，工学交替，岗位成才。现代学徒制被认为是从学校到企业非常好的过渡模式。

　　因为它在学校教育和就业之间建立了两个过渡带（从学校到学徒制，再从学徒制到就业），从而推进了个体从教育到工作的平缓过渡，减少了在过渡过程中产生的问题。

　　当前，在中国经济增速放缓、毕业生就业难和高技能人才匮乏的结构性失业矛盾突出的背景下，推进现代学徒制教育模式改革，成为促进经济转型与结构调整、适应经济新常态的重要手段，这也是职业教育主动服务新经济发展的重要举措。金融行业是实体经济的"血脉"，打造"升级版"中国经济，离不开金融行业的支持，离不开一大批与经济发展需求高度契合的金融、投资、理财等专业技能型人才的支持，离不开现代学徒制强大的人才培养功效的支持。

　　2014 年 8 月，《教育部关于开展现代学徒制试点工作的意见》（教职成〔2014〕9 号）文件出台，要求各试点单位以推进产教融合、提高育人质量为目标，以创新制度为突破口，以完善长效机制为着力点，探索具有自身专业特色的现代学徒制人才培养模式。国内大规模的、系统的现代学徒制试点正式拉开序幕。2015 年 8 月 5 日，教育部遴选 165 家单位作为首批现代学徒制试点单位和行业试点牵头单位。2017 年 8 月 23 日，教育部确定 203 个单位作为第二批现代学徒制试点单位。2018 年 8 月 1 日，教育部确定第三批 194 个现代学徒制试点单位。2019 年 5 月，《教育部办公厅关于全面推进现代学徒制工作的通知》（教职成厅函〔2019〕12 号）发布，中国特色现代学徒制从试点、总结、完善迈入全面推广的新阶段。

本书由四章内容构成，第一章为"前世今生：现代学徒制缘起"，第二章为"经验总结：西方现代学徒制改革"，第三章为"现状困境：我国高职金融类专业现代学徒制试点"，第四章为"实践探索：高职金融类专业现代学徒制改革"。本书由教育部第三批现代学徒制试点专业重庆财经职业学院投资与理财专业（现：财富与管理专业）提供实践支持，其出版得到重庆市高等教育教学改革研究重大项目"高职财经类专业'校企阶段性'双轨交互式现代学徒制人才培养模式研制与实践"（项目编号 191044）和重庆市肖妍"双师型"名师工作室的支持与资助。由于作者水平有限，书中不当与错误之处在所难免，敬请广大读者及专家批评指正。

笔 者
2021 年 11 月

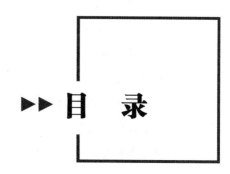

▶▶目 录

155/ **参考文献**

第一章

前世今生：现代学徒制缘起

第一节　传统学徒制

一、传统学徒制产生的历史

作为职业教育最原始的存在形态，学徒制的历史最早可追溯到欧洲的古罗马时代。当时，古罗马已经有了铁匠、印染艺术家、陶瓷工人等不同职业建立起来的行业协会，而学徒制是行业协会组织的显著特点之一。在行业协会组织里的手工从业人员包括学徒、工匠和师傅三个不同等级：师傅可以招收学徒，学徒学习期满并通过行会审查便可转为工匠，工匠独立完成一件杰出的工艺作品后可以被评为师傅。行会组织为学徒制制定了一系列规定，如学习年限、学习内容、考核机制等，这些规定都有利地促进了学徒制的规范和快速发展。

我国的学徒制起源于奴隶社会，并在封建社会得到完善。在奴隶社会，我国的学徒制采用世袭制，属于原始的技能传播模式。在封建社会，随着手工业的兴盛与商业的繁荣，大量手工作坊出现，"学徒制"开始广泛流行，并且在我国的朝代更替中日益完善。19 世纪中后期，工业技术革命的历史潮流席卷全球，清政府下令增设教学徒的场所和人员，创办了中国近代第一所职业学校，有力地推动了中国传统学徒制的进一步研究和发展。中华人民共和国成立之初，经济萧条，百废待兴，需要大量技术熟练的产业工人来促进制造业企业快速健康发展，原有学徒制因此需要进行全面改造。1950 年 6 月，中央人民政府政务院发布了《关于开展职工业余教育的指示》，这预示着传统学徒制度的全面扩展。随后，政府陆续发布文件，不断完善学徒制，为传统学徒制发展创造了前所未有的良好社会环境。改革开放后，工厂数量快速增加，经济发展日新月异，但熟练工人严重短缺，学徒制再次受到政府部门的高度关注。

二、传统学徒制的含义及特点

传统的学徒制是一种古老的职业培训方法，学徒在职业活动中，通过师傅的传帮带，可以获得与其职业相关的制作手艺或生产工艺的背景知识和实际工作经验。也就是说，学徒在学习和日常生产生活中，通过观察和模仿某一主要工作场所（环境）的企业大师的技能，自然会在实践中获得技能，在生活中受益。

传统学徒制之所以经久不衰，有着巨大的生命力，这与其具有以下特点密不可分。

1. 以言传身教为主，师徒关系亲密

在我国，"言传身教"一直被公认为是教育手段之一。"师傅"是学徒对传授技能的老师的尊称。"一日为师，终身为父。"师傅将多年的工作经验、技术专长和工作方法，根据学徒掌握的情况逐步教授，帮助学徒逐步成长。在这个发展过程中，一方面，师傅将自己或前辈总结分析出来的技术、管理经验编写成便于记忆的口诀、顺口溜等教给学徒，方便其学习；另一方面，师傅在教学过程中会大量使用行话（专业语言），让学徒在学习过程中掌握这些知识。为了保证技艺和秘诀的独创性和继承性，传统学徒制早期都是子承父业，有些还有传男不传女的传统，以防止技术和秘密泄露。后来，过渡到师傅收养一些孩子作为学徒，并从小培养他们，以确保更好地将技能传承下去。在这样长期的言传身教的过程中，学徒和师傅长期待在一起，师徒关系自然十分亲密。

2. 以"心传"为主，更加具有灵活性和创造性

在传统学徒制中，学徒的技能除了师傅的口口相传和操作的示范，更需

要学徒对技能的"理解"。古语有云："师父领进门，修行在个人。"这个修行的过程就是学徒的精神领会和对传统技艺流程心理描述的过程。这就是我们所谓的"心传"。对师徒来说，"心传"是一种长期培养学徒而得来的"工作默契"，依靠二者相互之间的传授和领悟，可以任凭感觉行事。当学徒理解了主要的技术要点之后，他就可以将自己的元素融入生产过程中，比如创造新的技术、改变新的风格等。这也使传承下来的技艺更具文化生命力。

3. 以职业能力为主，技术精湛

一方面，师傅不重视学徒学历，只注重学徒技能及就业前景，为了让学徒能熟练掌握技能，师傅通常会让学徒长时间重复操作技能。另一方面，因为学徒要以此技能为生，所以其在学习的过程中会非常认真，并努力达到卓越。同时，在平常的操作过程中，师傅还会通过具体实例向学徒说明行业规范和职业操守。因此，在传统学徒制中，学徒经过长时间的反复练习，其技术水平往往较为高超。

4. 以现场教学为主，但教学效率较低

传统学徒制教学没有系统的教学大纲、教学计划等，由于资源匮乏，传统学徒制的学徒学技能是在生产过程中边看边做，边学边完成。一般情况下，学徒先在一旁看师傅操作，了解工作环境，然后从最基本的操作开始，帮助师傅做一些简单的辅助工作。等到辅助的工作可以越做越多，技术锻炼得越来越纯熟了，就可以在师傅的指导和帮助下进行系统作业，逐渐达到能够独立胜任工作的水平。所以学习周期很长，学习效率较低。而且，在古代，一些师傅为了适应竞争的需要，对技能教学设置了限制，对一些特殊高超的技能有所保留，导致了一些珍贵技能的流失。

三、传统学徒制的消亡

工业革命是传统学徒制由盛到衰的转折点。一方面，工业革命使师傅变成了领班、商人或资本家，学徒变成了领班的接替者或商人的廉价劳动力，师徒关系变成了竞争和雇佣关系，师徒之间的关系不再亲密。另一方面，学校教育制度为大批量人才快速培养提供了场所和师资，使传统学徒制相形见绌。为此，从 18 世纪下半叶到第二次世界大战，学徒制处于萧条和停滞状态，并最终被取代。

随着我国经济体制改革的不断深入，传统学徒制弊端逐渐暴露，如学制长、效率低、规模小、学习场所限制等，导致其已不能适应我国经济发展的需求。1985 年，中共中央发布了《中共中央关于教育体制改革的决定》，要求对教育体制和劳动人事制度实行"先培训，后就业"的改革，即由学徒培训过渡至以学校为本位、独立和标准化的专科学校教育制度培养。1989 年 3 月，原劳动部办公厅在《学徒培训制度改革座谈会纪要》中明确提出学校将逐渐代替企业成为未来技术工人输送的最主要渠道，这标志着以企业为主体的传统学徒制在我国经济技术专业技能人才能力培养的道路上走向终结。

第二节　现代学徒制

职业教育的主要任务是培养懂技术、懂管理的高技能人才。随着各国经济的发展，各国对高技能、高素质人才的需求日益增加。但是由于职业教育未深入调研企业人才需求，职业教育培养的人才往往无法很好地达到企业的工作要求。进入 20 世纪 90 年代以后，通过将传统学徒制的优点与现代职业学校教育优势相融合，以英国和澳大利亚等国为代表的西方发达国家创造了现代学徒制。经过多年的实践探索，现代学徒制在德国等国家已经形成了比较完整的体系，德国"双元制"模式更是被多国学习和借鉴。现代学徒制在世界各地显示出越来越强的活力。

现代学徒制是传统学徒制和职业学校教育的有机结合，是学徒制在现代社会的新的表现形式。现代学徒制是一种现代的人才培养模式，是国际职业教育发展的趋势及主要的人才培养模式。现代学徒制通过校企之间的深度合作、学校教师与企业导师的联合教学，培养学生的知识理论和实践操作能力。

一、现代学徒制的特征

1. 校企双主体联合培养

在现代学徒制中，学徒由学校和企业共同培养和管理。在现代学徒制培养模式中，校企双方要参与学徒的培养全过程。校企双方针对行业、企业人才需求情况，按照"招生招工一体化"要求共同录取学徒，然后共同制订人才培养方案、构建课程体系、确定师资队伍、制定管理制度和考核体系等。作为培养主体，学校主要负责对学生开展文化基础、思想政治和专业理论教育，以满足学生全面发展的需要；企业主要负责专业技能和职业素养的培养，以满足学徒就业的需要。如此，学校缩减了专业技能指导的时间和成本，企业缩减了培养所需人才的时间和成本，学徒缩减了从学生到职员的时间和成本，更确保了人才培养的质量，实现了校、企、生三方共赢。

2. 学生学徒双身份

在现代学徒制中，学生具有双重身份，即学校的学生和企业的学徒。因此，其同时要遵守学校和企业的相关规定，也同时享有学校和企业赋予的权利。现代学徒制实行学校和企业交替式培养模式，学生（学徒）在整个人才培养过程中，一定时间在职业院校学习理论知识，一定时间在企业接受岗位技能培训，从而使理论学习和职业技能学习结合得更加紧密。

3. 双导师协同指导

在现代学徒制中，学校和企业均会安排导师对其进行指导。其中，校内导师主要负责专业基础知识和职业规划的指导，企业师傅主要负责职业能力和职业素养的指导。双导师协同指导，有利于知识、技能和素质三大培养目标的实现，进而实现专业培养目标。

4. 政府大力支持

现代学徒制在许多国家都受到了政府的高度重视。在我国，《国务院关于加快发展现代职业教育的决定》《教育部关于开展现代学徒制试点工作的意见》和《教育部办公厅关于全面推进现代学徒制工作的通知》等政策先后出台，为现代学徒制工作提供了政策、资金等方面的支持，为现代学徒制在各大高校全面推进保驾护航。

二、现代学徒制与传统学徒制的区别

现代学徒制是由传统学徒制发展而来的，因此，现代学徒制和传统学徒制还有着一些相同点，如培养方式都强调"做中学"，培养目标都是能适应社会发展需要的技术技能型人才等。但是，它们之间也存在着以下几个方面的不同：

1. 育人主体不同

传统学徒制是由师傅对学徒进行培养，而现代学徒制是学校和企业组织校内导师和企业师傅根据制度规定，各司其职，分工合作，共同对学徒进行培养。

2. 学徒和师傅的关系不同

在传统学徒制中，学徒和师傅是亦师亦父的亲密关系。学徒往往住在师傅家中，师傅除了要传授技艺和进行思想道德教育外，还要对学徒进行文化知识教育。而现代学徒制采用校企双主体育人机制，学徒的文化知识教育主要由学校教师完成，企业师傅主要负责传授专业技能和进行专业素质培养。因此，现代学徒制中的学徒和师傅的关系主要是师生关系。

3. 教学时间和教学场所不同

在传统学徒制中，师傅通过"传、帮、带"对学徒开展教学。在学习期间，学徒跟在师傅身边进行学习，认真观察师傅的所有操作过程，进而模仿。同时，传统学徒制出师慢，有的甚至长达7~9年。而现代学徒制将传统学徒制的"传、帮、带"与职业教育的"系统、高效、科学"进行整合，形成工学交替的教学模式，让学徒在教室、实训室、企业岗位等场所交替学习，可以更加快速地实现培养目标，培养期一般为3年。

4. 培养重点不同

在传统学徒制中，师傅对学徒的培养重点在于专业技能和职业素养的培养，对文化知识的培养往往被忽视了。而现代学徒制则将文化知识、职业技能和职业素养均作为培养目标。为实现这些目标，校企会联合制订人才培养方案、构建课程体系、制定管理制度等。

5. 考核方式不同

对传统学徒制学徒的考核，一般是由师傅或行业协会来完成，一般是以学徒提交的作品来判断学徒掌握技能的熟练程度，进而判断其是否具备出师条件。而在对现代学徒制学徒的培养过程中，校企双方往往会构建学徒考核体系，由学校、企业和行业共同对学徒的文化知识、专业技能和职业素养进行综合评价。只有综合评价合格者，才给发放学徒合格证书。传统学徒制与现代学徒制的区别如表 1-1 所示。

表 1-1　传统学徒制与现代学徒制的区别

	传统学徒制	现代学徒制
育人主体	师傅	学校和企业
学徒和师傅的关系	亦师亦父的亲密关系	师生关系
教学时间和教学场所	在师傅身边学习，时间长	学校和企业交替学习，时间短
培养重点不同	职业技能和职业素养	文化知识、职业技能和职业素养
考核方式	师傅或行业协会考核	学校、企业和行业共同考核

三、推广现代学徒制的重要意义

现代学徒制之所以能被全球多个国家重视、推广，就是因为通过现代学徒制培养模式，可实现校企协同育人，切实提升职业院校人才培养的质量，为企业提供符合岗位需求的专业技术人才。

1. 现代学徒制是促进现代职业教育制度建设的战略选择

构建新的发展格局，促进高质量发展，提高国际竞争力，不仅需要大量的一流创新人才，而且需要大量高素质的技术人才。当前，职业院校为现代制造业、现代服务业等领域提供了 70% 的一线从业人员。加快现代职业教育，是培养高素质技术人才最有效、最基本的途径，是推动高素质发展的重要支撑，也是加强文化建设和思想教育的必然要求。在现代学徒制培养过程中，校企双方会根据企业人才需求情况，共同制订人才培养方案，培养符合社会需求的高素质技术技能型人才。

现代学徒制的建立，是职业教育积极服务于当前经济社会发展要求，促进职业教育体系与就业体系互动发展，开辟和拓宽培养技术技能型人才渠道，推进现代职业教育体系建设的战略选择。

2. 现代学徒制是深化产教融合校企合作的有效途径

产教融合、校企合作是职业教育的基本办学模式，也是办好职业教育的关键。国家先后在《国务院关于加快发展现代职业教育的决定》《职业学校校企合作促进办法》《国家职业教育改革实施方案》《职业教育提质培优行动计划（2020—2023）》等文件中就产教融合、校企合作提出了具体要求。而现代学徒制充分体现了职业教育坚持工学结合、校企合作和产教融合的本质要求。现代学徒制符合学校和企业的根本利益，突出了职业教育的根本特征。实施现代学徒制培养有利于解决制约职业教育发展的诸多问题，如实习实训条件不足、教师实践经验不足、教学内容与企业实际需求脱节等。

3. 现代学徒制是职业技能和职业精神培养的有效载体

现代学徒制强调从专业角度培养技术技能人才，坚持教育与企业生产相结合，注重知识与实践的统一，致力于培养学生的职业道德和职业技能。现代学徒制培养遵循学生成长和职业能力形成的规律，将人文素质和职业素质教育融入人才培养过程，充分发挥了校园文化和企业文化在培养职业精神中的独特作用，将优秀的产业文化融入教育，将企业文化融入校园，将职业文化融入课堂，将生态环保、绿色节能、循环经济等先进理念融入教育过程，更有利于促进专业技能与专业素养的有机融合，有利于培养长期追求卓越、精益求精、探索创新的工匠精神，从而为打造更多"大国工匠"奠定坚实基础。

四、现代学徒制在我国的发展

我国高度重视现代学徒制的试点和推进工作，出台了大量政策支持现代学徒制的发展。短短 4 年时间，现代学徒制就从部分试点进入了全面推进阶段。

1. 部分试点阶段

2011 年，广东率先探索现代学徒制试点。2012 年，教育部提出开展现代学徒制试点。2014 年 2 月，李克强总理主持召开国务院常务会议时首次明确提出"开展校企联合大学招生、联合发展培养的现代企业学徒制试点"。2014年 8 月，教育部发布了《关于开展现代学徒制试点工作的意见》，明确了现代学徒制试点工作的总要求和内涵。2015 年、2017 年和 2018 年教育部先后开展了三次现代学徒制试点，共计 410 所高职院校、94 所中职院校参与了试点，并分批完成了验收工作。与此同时，现代学徒制试点工作也在各个省市如火如荼地开展。2016年3月，重庆市教委印发《关于开展中职学校现代学徒制试点工作的通知》，从2016年起，分三批确定60个市级中职现代学徒制试点。四川省从2015年起，连续三年开展省级现代学徒制试点，74所高职院校和73所中等职业学校参与了试点。2018年，广东省遴选了50所高校199个专业开展省高等职业教育现代学徒制试点；2019年2月，广东省教育厅遴选了50所高职院校194个专业开展2019年省高等职业教育现代学徒制试点。具体如表1-2所示。

表1-2 教育部现代学徒制试点情况统计

试点批次	试点地区/个	试点企业/家	试点高职院校/所	试点中职院校/所
第一批次	17	8	100	27
第二批次	2	5	154	38
第三批次	1	4	156	29
合计	20	17	410	94

2. 全面推行阶段

2019年5月，《教育部办公厅关于全面推进现代学徒制工作的通知》发布，要求各省市深入贯彻落实《国家职业教育改革实施方案》，总结现代学徒制试点经验，全面推广现代学徒制。随后，各省市纷纷出台政策，全面推广现代学徒制。2019年1月，重庆市人民政府办公厅印发《关于深化产教融合的实施意见》，提出"在技术性、实践性较强的专业，全面推行现代学徒制和企业新型学徒制，推动学校招生和企业招工相衔接，明确学生学徒'双重身份'，强化学校和企业'双主体'实施，推进学历与技能并重的人才培养模式"。2019年6月，工业大省山东提出全面推进现代学徒制，到2022年培养10万左右"齐鲁工匠后备人才"。

第三节 企业新型学徒制

为适应企业发展和产业转型升级对技术技能人才的要求，我国积极探索企业新型学徒制试点。2015年7月，人力资源和社会保障部、财政部联合发布《关于开展企业新型学徒制试点工作的通知》，制订了新型企业学徒试点工作方案，在北京市、天津市等省（区、市）分别选择3~5家大中型企业作为试点单位，开展首批企业新型学徒制试点工作。2016年7月，在第一批试点工作的基础上，包括河北省在内的10个省（区、市）被纳入第二批试点工作范围。各试点省（区、市）以《企业新型学徒制试点工作方案》为依据，结合自身实际情况，制定试点工作办法，组织企业和教育培训机构开展企业新型学徒制试点（见表1-3）。

表1-3　企业新型学徒制试点省（区、市）统计

试点批次	试点省（区、市）
第一批次	北京市、天津市、内蒙古自治区、辽宁省、上海市、江苏省、山东省、河南省、广东省、重庆市、四川省、甘肃省
第二批次	河北省、山西省、吉林省、黑龙江省、浙江省、福建省、江西省、湖北省、广西壮族自治区、云南省

2018年10月，人力资源和社会保障部、财政部联合印发《关于全面推行企业新型学徒制的意见》，提出在前期试点工作的基础上，全面推行企业新型学徒制。随后，各省市人力资源和社会保障厅、财政厅陆续出台《关于全面推行企业新型学徒制的通知》，确保企业新型学徒制在全国各地全面推行。

企业新型学徒制是传统学徒制与现代职业教育的结合，以"招工即招生、入企即入校、企校双师联合培养"为主要内容，采取"企校双制、工学一体"的培养模式，校企联合为行业企业培养高素质技能型人才提供了一种新途径。

一、企业新型学徒制的特点

1. 企业为培养主体，学校辅助

《关于全面推行企业新型学徒制的意见》明确了学徒培养的主要职责由所在企业承担。企业应与学徒签订培养协议，委托技工院校、职业培训机构、企业培训中心和其他教育培训机构承担具体的培训任务，以确保学徒在企业中正常工作的同时，还能通过学校的系统学习提升理论水平和综合素质。通过1~2年的企校联合培养，企业师傅和学校教师双导师共同指导，力争将学徒培养成企业紧缺的中、高级技工。

2. 以新员工和转岗职工为培养对象

《关于全面推行企业新型学徒制的通知》明确指出，企业新型学徒制的培养对象为与企业签订一年以上劳动合同的技能岗位新招用和转岗等人员。所以，企业新型学徒制的学徒应先是企业的员工，再以学徒的身份参加培训。

3. 政府给予政策支持

为全面推行企业新型学徒制，政府出台了较为全面的补贴政策。一方面，对符合政策规定的职业培训和职业技能鉴定提供补贴。另一方面，人力资源和社会保障部会同财政部按照规定，对开展学徒制培训的企业的职业培训给予补贴。同时，根据规定，学徒培训期间，企业应当根据学徒的实际贡献，支付不低于当地最低工资的学徒基本工资。

二、企业新型学徒制与现代学徒制的比较

1. 企业新型学徒制与现代学徒制的相同点

第一，都是由学校导师和企业师傅联合培养，既可学到文化知识，又能提升职业技能和职业素养。

第二，培养期限均较短，一般不超过 3 年。企业新型学徒制的培养期限一般为 1~2 年，最长不超过 3 年；现代学徒制以专业学徒为培养目标，一般为 3 年。

第三，均采取工学交替的培养模式。企业新型学徒制和现代学徒制两者的学徒均通过在学校和企业不同学习场所进行交替学习，及时将在学校学习到的理论知识运用于企业的岗位实践，可以快速让学徒掌握技能的运用技巧，提升专业能力。

2. 企业新型学徒制与现代学徒制的区别

第一，牵头部门不同。企业新型学徒制由人力资源社会保障部门牵头，财政等有关部门密切配合，旨在完善政策措施和培训服务体系，为企业培养后备技能人才。而现代学徒制由教育部牵头组织实施，目的是通过现代学徒制工作完善职业教育育人机制，创新人才培养模式。

第二，培养主体不同。在企业新型学徒制中，企业承担培养主体责任。

由企业分别与学徒签订培养协议、与技工院校等教育培训机构签订合作协议，进而实现对学徒的培养。现代学徒制由学校和企业联合对学徒进行培养，通过校、企、生三方签订合作协议，确定三方的权利与义务，实现培养目标。

第三，招生对象不同。企业新型学徒制的招生对象是与企业签订 1 年以上劳动合同的技能岗位新招用人员和新转岗人员。而现代学徒制的招生对象与普通中、高职院校的招生对象一致。中职院校现代学徒制的招生对象为初中应届毕业生；高职院校的招生对象为普通高中应届毕业生、中职应届毕业生等符合国家规定可报考高职院校的人员。

第二章

经验总结：西方现代学徒制改革

第一节　德国现代学徒制

德国现代学徒制是对本国传统学徒制的继承和发展，吸收了传统文化中的工匠精神，结合国家经济与社会发展的现代性，形成了原创性职业教育体系与就业体系相结合的以"双元制"为核心的职业教育体系。

一、德国现代学徒制的发展历程

从传统学徒制到现代学徒制，德国现代学徒制教育体系的发展经历了一个漫长而复杂的过程，总体上来说可以分为三个阶段：

1. 行会学徒制阶段

这一阶段学徒制主要存在于手工业，因此也被称为"手工业学徒制"阶段。随着19世纪德国手工业越来越发达，手工业行会出现了，19世纪80年代开始，德国政府通过多部法律逐步赋予了手工业行会培训学徒工和对其技能资格进行考核认证的权力。1897年，德国政府颁布《手工业保护法》，规定手工业行会具有制定管理规范、学徒制教学指导监督、学徒技能水平考核认定等权力，1908年又对该法案进行了修正，规定进行学徒培训的企业主必须通过师傅考试获得认证，学徒制从手工作坊"师带徒"性质转变为准公共教育性质，地位大大提高了。

2. 工业学徒制阶段

这一阶段学徒制的培训由"手工业行会"独自提供转变为"手工业行会"和"技术学校委员会"共同提供。进入 20 世纪后，随着工业革命的不断推进，技术类工人的需求量日益增加。此时"手工业行会"培训的学徒不管从数量上还是技能水平上都无法满足行业快速发展的需要。在此背景下，一些大型制造业企业开始建立专门的培训车间，实施大规模的员工内部培训，并组成机械设备制造业联合会（VDMA）与"手工业行会"培训体系抗衡。1908 年，德国技术学校委员会（DATSCH）成立，在机械设备制造业联合会指导下，开发出一系列学徒制的标准化管理、培训、考核的资料，学徒制得到了快速的发展①。

3. 现代学徒制阶段

1969 年，德国政府颁布《职业教育法》，享誉世界的"双元制"职业教育模式得以确立，一个完整的培训体系形成了，从法律的顶层设计层面实现了学徒制的规范化与制度化。随着经济全球化趋势加剧，为保持国家经济竞争力，德国不断对"双元制"的法律条例、培训体系、考核监督等进行修改和完善，1981 年联邦议院通过了《职业培训促进法》，从重新划分培训职业、建立跨企业培训中心、将"双元制"纳入正规教育系统等方面提升"双元制"人才培养功能，"双元制"逐步成为世界职业教育的先进典范。

二、德国"双元制"学徒制实施模式

德国现代学徒制还有一个更加简洁的名字："双元制"职业教育。经过几十年的不断发展，如今"双元制"已成为世界现代学徒制研究的典型，并被许多国家效仿借鉴。

在招生入学机制上，参加"双元制"培训学习的学生大多来源于主体中学或实科中学，他们要想参加学徒制职业教育培训，需经过"申请培训职位—签订培训合同—申请理论学习资格"三道程序。同时，学徒通常经由雇佣企

---

① 孙宁，张晓军，张桂荣. 德英现代学徒制比较 [J]. 职业教育研究，2017（2）：82-86.

业招募入学，再在行业协会与职业学校完成学徒注册与学籍注册。此外，职业学校实行"有教无类"政策，学校里除了上述适龄学生外，也有二十几岁、三四十岁甚至年龄更大的学生，只要他们有学习需求，不管年龄多大、文化程度如何，都可以申请参加职业教育培训。学生在完成全部学习课程并通过考核达到毕业要求后，可以进入企业正式开始工作，也可以申请升入高一级职业院校进入本科专业学习，甚至可以攻读硕士学位。

在培养方式上，学校和企业相互配合，共同完成人才培养。企业依据职业培训条例对学徒进行职业技能培训并提供岗位实践机会，在学徒学习期间向学徒发放生活津贴。学校遵循其所在州的教育法以及各项框架教育协议，依据框架教学计划向学生传授普通文化知识和专业知识。在这样的模式下，学生既是企业的学徒又是职业学校的学生，一边参加岗位实践一边进行理论学习，但是在企学习时间多于在校学习时间，二者时间比例约为 7∶3。"双元制"的学习年限根据职业的不同分为两年、三年或三年半，学徒学习完毕后需参加行业协会组织的考试，通过考试后方能获得相应证书完成学徒制教育。

在课程安排上，德国高职院校一个专业通常开设课程在 30 门左右，采用"双元"课程体系安排。其中一元为培训企业，主要承担学徒实训实习的教学任务，负责学徒实践操作技能的培养，开设的对应课程为企业课程；一元为职业院校，主要承担学徒理论学习的教学任务，负责学徒通用文化课程、专业理论知识的培养，开设的对应课程为学习课程。在"双元"课程体系中，企业课程占据主导地位，更强调实践环节教学，学校课程则围绕企业课程需求为其提供服务。从总体来看，德国"双元制"模式下的课程非常注重以市场需求为导向，课程教学内容兼顾职业技能培训和职业综合素质培养，同时强调根据市场需求变化及时更新，以确保教学内容的时效性、实效性。

在师资配置上，"双元制"模式下的教师分为职业学校的理论教师和企业的实训教师两类。职业学校的理论教师又可分为教授和教学辅导员，其中担任教学任务的教授必须具有博士学位，还需拥有 5 年以上的工作经验，且还需要有 3 年以上的任职资格。企业的实训教师负责实训教学的计划、组织、实施和监督等工作，根据德国《职业教育法》和《实训教师资格条例》规定，"实训教师需在品格和业务上达到要求并具备职业教育学和劳动教育学知识"。对师傅的要求则更高，成为一名工业师傅必须经过德国工商业联合会培养认证，手工业师傅则需由德国手工业协会培养认证。企业员工要成为一名师傅，首先工龄应达到 3~5 年，其次要从专业技能、个人品格、知识等方面接受企业考评，最后还要进入师傅学校接受专业教育及教育学基础教育，在通过考试委员会组织的师傅考试后才可获得师傅资格证成为企业师傅。

在学习评价上，"双元制"实行教考分离，并建立了完善的技能评价制度。在整个双元制培训期间，学徒将经历中期考试和结业考试两次大型考核，考核由第三方独立机构行业协会承担，考核主体由职业学校、企业、行业协会选出的教师、企业师傅和工会代表组成，行业协会专门成立考试委员会，负责制定或组织制定考卷、监督实施以及进行考核评价。每个学徒共有三次结业考试机会，一次预考，两次正式考核。两次正式考核都没有通过的学徒，终身不能重学同一职业。通过结业考试的学徒，将获得由行业协会颁发的技能资格证书，根据学徒技能水平的不同，对应的职业资格证书也有不同的等级。企业在录用正式学徒时会根据行业协会颁发的技能资格证书等级，确立学徒的职位和薪酬待遇。因此，在德国健全的技能评价制度下，学徒的职业技能证书具有高度社会认可度和影响力，不仅能帮助学徒获取更理想的职位，也能为其日后晋升打下良好的基础。

在运行保障机制上，德国政府先后颁布了《工商法》《联邦职业教育法》，确立了"双元制"人才培养模式的法律地位，1990 年在职业教育领域得到广泛应用。在职业教育中"双元制"地位的确立过程体现了德国法律体系的严密性。此后，德国相继颁布了新《联邦职业教育法》《手工业条例》《劳动促进法》《青少年劳动保护法》等法律制度，这些法律充分保障了"双元制"的运行。在财政保障方面，政府会给予参与学徒培训的企业一定的税收优惠和财政补助，鼓励行业企业积极参与学徒培养。学生与企业签订的"职业教育合同"规定了企业要给予学徒一定的工资补贴。

三、德国现代学徒制的有效经验与典型特征

1. 完备的法律保障体系

"双元制"模式得以成功，完备的法律保障体系是重要前提。在联邦层面有《职业教育法》作为整体依据，各州政府根据经济结构特征和具体情况又分别有各自的职业教育法，另外还有《青少年劳动保护法》《企业基本法》

《实训教师资格条例》等。同时，法律条款非常详细，对职业院校、培训企业、行业协会、学徒等教育相关主体的权利、义务等都有具体详尽的规定和说明。法律体系的完善为各主体参与现代学徒制职业教育培训提供了明晰的权益保障，也促进了培训过程的规范。

2. 企业的高度参与和大力投入

纵观德国整个学徒制发展历程，企业一直高度参与人才培养过程是其最为显著的特征，也是"双元制"模式取得巨大成功的关键因素之一。根据统计，德国如今约有21.3%的企业参与双元制职业教育与培训，其中大部分为大中型企业，这些企业每年会培训超过50万名新学徒；同时，有超过66%的双元制职业教育与培训毕业生接受培训后在这些企业工作。另外，企业对现代学徒制的高度参与还体现在其经费投入上，在德国，由企业承担现代学徒制培训成本的大部分（高达80%以上），平均每位雇主每年向每名学徒投入约15 000欧元，这其中近50%都是作为培训津贴。由此可见，"双元制"模式下企业在人才培养上占据主导地位，而学校则起辅助性作用，这样的角色分工一是能确保学徒所学内容高度对接企业岗位需求，二是学徒对企业文化和企业目标愿景有更强的认同感，从而使德国企业学徒在走向工作岗位时有很高的留存率。

3. 严格的学徒选拔与测评制度

由于德国现代学徒制均是由企业先招工再到学校注册学习，同时企业在培训上承担绝大部分成本，因而企业对学徒的基础素质非常重视，在选拔学徒时通常会设立严格的准入条件，通过一系列笔试、面试环节实施选拔。在整个培训过程中，企业也会密切关注学徒在职业学校学习期间的表现，设定系列技能测试考察学生的职业能力和综合素质。此外，如前所述，所有学徒还需参加两次考试，分别是中期考试和结业考试，这两次考试成绩分别占毕业成绩总分数的40%和60%，通过测试的学生才能顺利拿到毕业证书和技能资格证书并获得就业机会。同时，技能测评主体并不是企业或学校，而是由第三方考试委员会组织，培养培训体系与考核相分离确保了测评体系的公平、公正。

第二节　英国现代学徒制

英国是世界上最早推行现代学徒制的国家之一，在多年的改革和探索中，通过加强政府管理、健全法律政策、提升学徒地位、制定培训框架、完善评价标准、提供经费支持等，形成了具有自身鲜明特色的"层次化"现代学徒制模式，为英国的工业革命和现代化进程提供了强有力的人才支撑。

一、英国现代学徒制的发展历程

作为职业教育主要形态的学徒制在英国有着悠久的历史渊源，从传统学徒制的出现到如今现代学徒制的兴盛，其发展历程大致可分为四个阶段。

1. 传统学徒制的兴起与鼎盛发展

英国传统学徒制的历史起源可追溯到 12 世纪到中世纪社会后期，英国手工业逐渐成为城市发展的动力，市民社会逐步形成。由于手工业主要以家庭手工作坊为单位进行生产，为传承核心技艺并维持生产经营，一些技术高超的手工艺人开始招收徒弟，进行个人带徒，传统学徒制在此时开始萌芽。在师带徒模式逐渐盛行开后，一个由手工业从业者自发建立起的互助合作组织——手工业行会逐步开始对学徒进行统筹培训和管理，使学徒制由原来的私人带徒过渡到公共培训，英国传统学徒制迎来了鼎盛发展时期。这一时期手工业行会通过制定行业规范、规定各参与主体权利义务、制定实施细则、监督管理学徒培训等对学徒制进行管理，形成基于师徒契约的"师傅—帮工—学徒"三级师徒关系，有效促进了手工业的传承与发展，为英国在前工业化生产的技术创新中贡献了重大力量。

2. 传统学徒制的衰落与消亡

到了 15 世纪，随着资本主义的萌芽与发展，大规模机器生产逐步替代了家庭手工作坊式生产，对熟练工人的需求量大幅减少，资本家开始将学徒当成廉价劳动力，传统手工业的师徒关系逐步演化为资本主义方式下的雇佣关系，学徒参与学徒制的积极性减弱，行会的管理指导和监督能力减弱，行会学徒制逐步走向衰落。在此背景下，1563 年，英国颁布《工匠学徒法》，开始对学徒制进行控制和干预，也标志着学徒制从行业管理层面上升到国家管理层面。至此，学徒制的功能不再专注于技艺传承，而增加了作为"失业收容所""调控经济的灵活装置"等救济功能。1814 年，英国废除《工匠学徒法》，学徒制不再接受政府管理；1853 年《市政公司法》出台，彻底取消了行会对同业经济活动的控制权和对学徒制的教育管理权；1889 年，英国议会颁布《技术教育法》，正式确立职业教育制度；1965 年，英国成立技术学院承担职业教育，以学校和专门培训机构作为教育主体的现代学徒制开始替代传统学徒制模式，传统学徒制走向消亡。

3. 现代学徒制的兴起与建立

20 世纪六七十年代，英国经济增长速度放缓，社会生产力不断下降，很多年轻人面临失业，政府开始着手反思造成这些经济问题背后的深层次原因，并总结认为主要原因在于职业教育发展落后，具体表现为政府对职业教育发展不够重视、职业教育培训机构不足、学生与家长对职业教育的认可度和参与积极性不高、学校职业教育与企业实际需求脱节等方面。基于此，1991 年，英国政府发布《21 世纪的教育和训练》白皮书，提出让 16~19 岁的青年接受高质量职业教育，增加中间层次技术工人数。1993 年 11 月，英国政府正式宣布引入现代学徒制开始试点改革。1994 年 10 月，改革首先在全国 14 个试点行业部门施行，主要面向 16~17 岁的中学毕业生。1995 年试点改革扩展至全国 54 个行业，面向对象扩展到 18~19 岁的青年人。1998 年英国设立监测企业学徒制执行情况的专门机构，2000 年国家培训制度被纳入现代学徒制。至此，在传统行会学徒制没落后，英国新一轮现代学徒制改革正式启动。

4. 现代学徒制的发展与完善

进入 21 世纪以来，在英国政府的高度重视和大力推进下，英国现代学徒制教育培训系统不断完善成熟，为英国经济发展做出了重要贡献。2004 年，现代学徒制去除了 25 岁这一学习年龄上限。2005 年，学习与技能委员会（LSC）发布了《学徒制蓝图》报告，确定了现代学徒制的培训框架。2007 年，英国教育标准办公室开始对学徒质量承担监督职责。2008 年、2009 年，政府分别出台《学徒制条例草案》《学徒制、技能、儿童和学习法案》，以法律的形式保障了现代学徒制的地位。2009年4月，具备国家性质的学徒制管理机构——英国国家学徒制服务中心（NAS）正式成立，在其管理指导下，逐步形成由学习与技能委员会（LSC）、行业技能开发署（SSDA）、行业技能委员会（SSCs）、资格与课程署（QCA）分工负责项目开发管理，各学习与技能地方委员会及颁证机构具体管理地方层面实施的现代学徒制运行体系。经过一系列的调研改革，现代学徒制逐步成为英国职业教育培训主要方式之一，焕发出新的活力和生命力。

二、英国"层次化"学徒制实施模式

英国现代学徒制具有明显的等级特征，被称为"层次化学徒制模式"。目前，英国的现代学徒制教学体系分为青年学徒制、前学徒制、学徒制、高级学徒制、高等学徒制5个层次，这5个层次从低到高逐次递进，相互联系贯通，不同层次学徒制对应不同学习年龄，完成学习后获得对应不同等级水平的国家资格证书。同时，英国政府还建立了不同层次学徒制之间、学徒制与高等教育之间的学习连通渠道，充分给予学徒自由发展和选择的空间，这大大提高了学徒制的社会地位和吸引力。

在招生入学机制上，有意向就读现代学徒制的群体需首先根据自己的年龄、兴趣、职业意向，寻找合适的提供对应等级学徒制培训的企业，通过学徒空缺网等途径向其发出申请；企业在审核通过申请者提交材料后，组织对申请者进行面试；面试合格的学徒与雇主正式签订合同成为正式学徒。合同对学徒的培训时间、培训内容、薪酬标准、资格认证等内容都会做出具体规定，企业和培训机构依据培训合同和框架共同对学徒进行培训，在培训结束后由考评评估机构对其进行考核，合格的学徒可以正式上岗就业。

在培养方式上，由企业和培训机构根据事先确立的培训层次和培训框架联合进行学徒的培养培训工作。若是与企业实践相关的实践性理论课程，由企业有经验的员工和培训机构教师共同授课，学生在培训机构和企业现场两个环境下交替学习；若是通用技能型课程，由培训机构教师进行授课，学生在培训机构学习场所进行学习。整个学徒培训时间不固定，一般不超过4年。具体培训方式分为两种，一种是半脱产，学徒边学习边工作，以企业工作为主，每周用1天时间到培训机构学习；另一种是全脱产，一般以两周为单位每年安排几次到培训机构集中学习。具体培训方式一旦确定后一般不允许随意变更。

在课程安排上，英国现代学徒制有独特的三类课程保障学徒的职业能力对接企业岗位需求，这三类课程分别是关键技能课程、国家职业资格课程和技术证书课程。关键技能课程主要通过对学徒通用能力、可迁移能力以及对学习起关键支撑作用能力的培养，帮助其顺利进行职业转岗和过渡。目前所确定的关键技能主要包括沟通交流、数字运用、信息处理、团队合作、持续学习以及问题解决六大方面的能力，其中前三种为刚性技能，后三种为广泛性技能。国家职业资格课程是在国家职业标准的基础上开发出来的，主要关注学徒职业能力和职业素质的培养，并为学徒考取职业资格提供帮助。国家职业资格课程涉及多个领域和行业，并根据国家职业资格等级进行分类，具有非常高的职业与岗位匹配度。技术证书课程开设于 2015 年 9 月，面向 14～16 岁的青少年，主要培训学徒从事某项专业或岗位工作所需的专门知识与技能，帮助学徒在考取资格证书的同时进入下一等级学徒制或高等教育基础学位继续深造。目前该课程主要分布在会计、法律等十几个行业领域，证书在英国范围内有很高的含金量和认可度。

在师资配置上，目前英国政府要求现代学徒制师资应具有"双重专业化"特征，即要求教师既是教学专家又是行业专家。2014 年，英国政府颁布《教师和教育培训者的专业标准》（英格兰地区），设计了专业理念与态度、专业知识与理解、专业能力 3 个维度 20 个具体指标，作为教师教学与专业能力发展领域的标准。同时英国注重开展职业教育师资培训，一是要求教师定期到企业从事真实工作业务；二是由高等教育机构、继续教育学院、私立培训机构和成人与社区学习机构等部门开设不同类型培训课程，强化专业培训和锻炼。在具体教学上，培训机构会为学徒安排固定培训导师，由导师和企业雇主共同确定培训计划，在学习过程中导师全程跟踪学徒学习，并随时处理各种问题。

在学习评价上，英国现代学徒制采用的是以职业资格证书考核为主、工作现场考评为辅的方式。职业资格证书是学徒个人学习效果和工作能力的体现和证明，学徒必须取得对应所学学徒级别的证书才能完成培训课程学习，被企业正式录用上岗。通过证书评价考核，现代学徒制教育有效实现了"课证"融通。同时要指出的是，证书的获取并不只是书面考试，更多是基于工作能力的实际工作场所任务考核或模拟工作情景考核，考核也不是一次完成，而是采用多次评定的方式。认证机构认为，只有多重、多次的评定才能更全面、客观地考察学徒的真实水平和能力。除证书考核外，学徒还要接受培训师傅及评估人员在企业工作现场的不定期测评，考核人员由学校或培训方指派，主要对学徒实践情况进行综合评估。

在保障机制上，英国政府在制度、组织、经费上均对现代学徒制大力支持。在制度层面，如发展历程中所述，英国在现代学徒制方面建立了一套完备的法律法规体系，在法律中明确了现代学徒制的合法地位，为现代学徒制的有效施行和持续健康发展提供了坚实的法律保障。在组织层面，政府设立NAS、LSC、SSDA等诸多专门机构和组织，负责监督管理现代学徒制运行、与企业共同完成标准开发等，以确保培训有效开展。在经费层面，参加培训的学徒不用承担任何费用，由政府和企业按照比例共同承担学徒培训期间的花费。在整个国家的四个地区，政府对于学徒制培训经费的资助额度均超过50%。为鼓励小企业参与到学徒培训项目中，政府还为参与的小企业提供1 500英镑经费补贴。

三、英国现代学徒制的有效经验与典型特征

1. 灵活的教育体系设计满足不同层次人群学习需求

根据学生年龄与认知特点的不同，英国政府对培养目标实行分层定位，设计了七级现代学徒制体系来为国家培养不同层次的应用型、技能型人才。同时，将职业教育放在与学科教育、高等学位教育同样平等的位置，畅通学生在职业教育与普通学科教育间的相互转学通道，学生在学习期间可以根据成绩或个人意愿中途提出转学申请。如此灵活的教育体系设计拓展了现代学徒制的范围，满足了不同职业和群体的学习需求，为学徒的继续深造提供了上升通道，改变了社会对学徒制层次低、无前途的刻板印象，大大提高了现代学徒制的吸引力。

2. 企业主导地位确保学徒专业技能符合岗位需求

随着经济形势发展和学徒制改革的不断深化，英国政府将学徒制由传统

的政府主导培训模式逐步调整为企业主导培训模式，在学徒学习内容、培训方法、考核评定、资格认证等方面充分考虑了企业需求，给予企业充分的自主权，确保学徒毕业后工作能力更符合企业实际需求。参与学徒制培训的企业，从早期的安排学徒制岗位、选拔学徒到与学徒签订培训协议，一直参与学徒制培养和训练的全过程。

3. 分层规范的学徒制培训框架确保运行规范

对应不同层次现代学徒制，每个层次项目都有逻辑严谨、结构合理的培训框架，对学习内容和标准做出了细致、精准的基本规范。各个层级学徒制培训框架内容均有差异，但总体都包含三个要素——可迁移的关键技能（其形式是关键技能资格）、能力本位要素（其形式是国家职业资格）、知识本位要素（其形式是技术证书），并对应形成三个模块课程。该框架由相应的企业和行业技能委员会对照国家职业标准联合开发设计，只有具备标准框架里所有要素的培训机构和企业，才能申请具备学徒制培训资格，并得到政府拨款补助。所有学徒也必须达到框架里的全部要求，方可顺利完成培训任务取得相关证书。

4. 职业资格证书与传统学历证书"双证融通"

在西方国家中，英国率先推行国家职业资格证书制度（NVQ），并实现职业资格证书与传统学历证书"双证融通"。目前在英国90%以上的劳动者都获得了不同等级的NVQ证书。不同级别的学徒取得的NVQ证书与普通教育之间互通互联，能够进行学分认证，保证学徒能够选择进入企业工作，也可继续接受高等教育。英国的"双证书"融通制度的先进性、实效性，至今在世界范围内仍首屈一指。

第三节　瑞士现代学徒制

瑞士职业教育现代学徒制在借鉴德国"双元制"模式的基础上，通过不断的改革与完善，逐步发展成为具有本国特色的"三元制"学徒模式。

一、瑞士现代学徒制的发展历程

瑞士的学徒制最早出现在中世纪，最初主要局限于以血缘为纽带的"师徒"关系。11世纪末开始，随着社会生产力的显著提升，欧洲手工业更为繁荣，手工业行会建立并迅速发展，师傅与徒弟之间传递手工技术和经验的模式被定义为"学徒制"。13世纪，瑞士的手工业行会已经发展到相当大的规模，行会将师傅向学徒传授技艺的模式正式命名为"学徒制"，逐步出台了相关管理细则。18世纪60年代，机器生产逐步取代人力生产，瑞士的学徒制难以适应工业的迅速发展，走向低迷。19世纪20年代，随着全球经济的发展及对技术型人才需求的不断增加，瑞士越来越重视学徒制职业教育体系建设，瑞士对职业教育和学徒的培训得以复兴。19世纪末，瑞士在对传统学徒制批判继承的基础上，开始学习德国，建立了"双元制"学徒培训制度。为了保障职业教育的顺利开展，1930年瑞士通过了第一部关于职业教育与培训的联邦法律，并强调将大力发展现代学徒制。1963年瑞士联邦政府正式颁布《瑞士联邦职业教育法》，并于1978年和2004年两度重新颁布职业教育法。20世纪90年代末，随着以信息技术为代表的新兴产业的迅猛发展，对学徒人才的要求有所提高。在对德国的"双元制"教育模式批判继承的基础上，瑞士结合自身的发展特征设立了独立于企业、职业院校的第三方培训机构——培训中心，用以协调及缓解学校与企业人才培养的压力。自此，瑞士形成了由职业学校、企业和培训中心三方共同参与的瑞士"三元制"现代学徒制培训体系。

二、瑞士"三元制"学徒制实施模式

瑞士的"三元制"学徒模式是指由职业学校、企业和培训中心三方合作的运行模式。在三元制中，职业学校是主体单位，主要承担公共文化课、专业理论课的教学工作，培养学生的基本文化素养、专业理论知识及对个人职业生涯的认知；企业则主要承担实践和技能课程的培训任务，培养学生较强的岗位实践能力；而培训中心作为学徒培训的辅助单位，更多是填补职业学校和企业课程的知识空缺。职业学校、企业、培训中心三方是彼此协调、联合一致的。"三元制"学徒模式主要有两种运作方式：一种是企业培训与职业学校学习交替进行，学生每周 1~2 天在职业学校学习，学习时间取决于所学专业，3~4 天作为学徒在企业接受培训，进一步练习工作技能；另一种是前段时间以学校学习为主，然后逐渐减少职业学校学习时间，转而以企业培训为主。瑞士学徒制通常为期 2~4 年，学徒期满后参加国家考试可以获得联邦职业教育证书（2 年制）或联邦职业教育文凭（3~4 年制）。2 年制和 3~4 年制的学徒可以分别拿到 42 个和 230 个不同职业的联邦职业教育和培训证书。同时，参与学徒制的学生还可获得师傅颁发的学徒工作证明。由行业协会开办的培训中心属于独立的第三类培训场所，主要负责统一培训各个企业输送来的学徒。

在管理机制方面，瑞士现代学徒制由联邦政府、州政府以及行业组织这三大参与主体合作管理。联邦政府负责宏观层面的管理，起着方向引领的作用。联邦政府的主要职责是职业教育的战略规划与政策制定，例如规划职业教育的发展方向，制定与学徒培训相关的法律法规，对职业教育体系进行质量监督，完善学徒的培训机制，进行职业培训体系的开发，对学徒培训经费进行合理分配等；州政府则负责微观层面的管理，主要职责是落实联邦政府的战略方针政策以及职业学校现代学徒制的具体实施、监督和协调，例如结合各州实际制定与本州学徒制相关的政策法规，制定现代学徒制的培训标准，制定国家资格认证程序和监督学徒培训等；行业组织则主要负责学徒制的具体实施，主要职责包括制定培训内容标准，开发相关培训课程，组织职业技能资格考试，对学徒职业资格进行认证和授予以及提供学徒就业岗位等。

在师资建设方面，瑞士颁布了《联邦职业与专业教育培训法案》，明确规定了对学徒培训的三类教师及这三类培训教师的任职标准，以便保障人才培养的质量。一是企业培训教师，必须获得瑞士联邦职业教育培训文凭或同等资格，拥有两年及以上的相关行业工作经历，拥有培训人员资格证书，另外还需完成 100 小时的培训。二是职业学校教师，包括通识教育教师和专业学科教师。瑞士学徒制要求职业学校教师既要有扎实的理论基础，又要有丰富的实践经验。通识教育教师须获得本专业的高等教育文凭和普通高中的教师资格证书，完成专科阶段的职业教育教学法培训，同时拥有 6 个月的工作经历；专业学科教师还必须获得职业教师资格证书。三是培训中心和其他培训机构的人员，要求须获得专业教育的培训资格或同等资格，拥有两年及以上本专业工作经历并完成相应的职业教育教学法培训课程。为了能够培育出这三类高质量的师资队伍，联邦教育、研究和革新办公室、联邦职业教育和培训研究院等相关教育部门实施了联合培养师资政策，在制定学徒培训教师的资格考核培训纲要的基础上为各类教师提供基础培训和继续培训，共同打造高质量的师资队伍。

在制度保障方面，瑞士政府出台了一系列的法律法规来保障学徒制的发展和学徒培训质量，以充分保证现代学徒制能够在一个稳固的法律框架下有效运行。较具代表性的是《瑞士联邦职业教育法》，于 1963 年由瑞士联邦政府正式颁布，又分别于 1978 年和 2004 年进行了修订与完善。该法案由瑞士联邦政府、各州政府以及行业组织共同协商制定，对学徒参加企业培训的具体章程、学徒的培训内容、申请学徒岗位的具体要求、学徒岗位技能标准、学徒制考核流程等做了具体规定，以确保学徒培训的系统化与规范化，确保学徒培训的有章可循。

在经费保障方面，瑞士通过政府、行业组织、企业三方共同承担运行经费的方式保障现代学徒制的顺利运行。一是政府部门提供公共职业教育资金，联邦政府承担 25%，州政府承担 75%，主要用于学徒制的职业教育补贴、职业教育发展、职业教育活动、职业资格认证及职业学校运行等。二是行业组织提供的行业经费，主要用于为职业院校提供物质资助或负责职业教育培训所产生的培训费用，例如实训设备、耗材费用、培训中心运行费用等。三是培训企业为学徒在企业岗位与培训中心的培训学习提供资金支持，主要用于支付给学徒的工资和对学徒的培训费用。多方投入、灵活多样的经费投入体系让瑞士"三元制"学徒教育得到了充分的资金保障，确保了其能够专注于提升学徒培训的质量，始终朝着优质的方向发展。

三、瑞士现代学徒制的有效经验与典型特征

瑞士自 20 世纪 90 年代根据自身学徒制经验和国情首创"三元制"学徒模式以来，经过多年的发展，在现代学徒制建设中已经取得了丰富的经验，具有了鲜明的办学特色，为社会培育了大量优秀的学徒人才。

1. 有效的三方协作机制

在管理机制上，联邦政府、州政府及行业组织三方在各自相对独立的基

础上分工明确、相互协调，分别负责宏观层面管理、微观层面管理和学徒制具体实施管理。尤其是行业组织在学徒制实施过程中有充分的话语权和控制权，深入参与学徒制的运作。在教学合作机制上，职业学校、企业和培训中心各自承担着清晰明确的教学职责，分别负责公共文化课、专业理论课的教学、实践和技能课程的培训及综合技能培训。职业学校、企业、培训中心三方各司其职，彼此责任共担、利益共享，保障了"三元制"职业教育模式的有效运行。

2. 系统完备的法律保障体系

瑞士政府出台了一系列由联邦政府、州政府以及行业组织共同参与形成的职业教育法律法规，明确了学徒培训参与者的权利与职责，保障了各参与主体的利益诉求，确保了学徒制的实施成效，为学徒培养提供了良好的制度环境。

3. 多元化的经费保障

瑞士现代学徒制的经费投入来源多样，联邦政府、各州政府、行业组织和企业是资金的主要来源渠道。多方共担运行经费的方式在瑞士现代学徒制的顺利运行过程中起到了十分重要的作用。

4. 严格要求、分工明确的师资队伍

相关法案严格规定了对学徒培训的职业学校、企业、培训中心三类教师及这三类培训教师的任职标准，以保障人才培养的质量。

5. 完善的职业指导和咨询体系

瑞士高度重视职前职业指导，成立了专门的职业指导中心，致力于开展职业生涯教育。系统专业的职业指导和咨询体系可以帮助学徒理性参与学徒制培训，引导现代学徒制合理有序发展。

第四节　澳大利亚现代学徒制

自 18 世纪从英国传入、19 世纪末被认可、20 世纪大刀阔斧进行改革发

展到现在的新学徒制，澳大利亚现代学徒制历经几百年的改革与发展，依然保持着旺盛的生命力，为其经济社会发展培养了大批各类技术技能型人才。

一、澳大利亚现代学徒制的发展历程

澳大利亚学徒制的发展历程源远流长，最早可追溯至澳大利亚土著居民通过口耳相传来传授知识和技能，但真正意义上学徒制的开始则是在 18 世纪末（英国在此建立殖民地时期）。英国殖民者将先进的生产方式引入澳大利亚，师傅对学徒的培训在生产中进行，至此英国学徒制开始在澳大利亚扎根。1894 年，澳大利亚出台了《1894 年新南威尔士学徒法案》，确立了州在学徒制系统的监管地位。这是澳大利亚第一部不同于英国学徒制的法案，标志着澳大利亚学徒制逐渐摆脱英国模式，从效仿学习逐步走向创新的道路。1901 年，澳大利亚成立了澳大利亚联邦，在《1894 年新南威尔士学徒法案》的基础上进行修订，出台了对澳大利亚学徒培训产生深远影响的《1901 年新南威尔士学徒法案》。1954 年，关于发展学徒制的第一个国家性政策——联邦州学徒制调查委员会公布的《Wright 报告》问世，该报告提出了 90 项完善学徒体系的建议。《1959 年产业培训报告》则提出了近百条学徒制体系发展的建议，如建立行业准入机制等。1969 年，联邦经济部颁布的《职业培训法》被批准，由此确立了学徒制的法律地位。1973 年，为提高雇主参与学徒制培训的积极性，澳大利亚联邦政府推出"学徒制国家支持计划"，这为政府在财政上资助学徒培训开了先河，在学徒制培训历史上具有里程碑意义。1984 年，为解决青少年失业问题，澳大利亚建立了国家受训生制度。1998 年，澳大利亚将学徒制和受训生制进行了整合，在全国范围内启动了"新学徒制"项目，这也标志着澳大利亚现代学徒制的诞生。进入 21 世纪以来，澳大利亚大力推进学徒制改革，并取得显著成效。2005 年颁布的《实现澳大利亚劳动力技能化法案》为职业教育与培训的改革提供了有效的法律保障，同时也标志着新学徒制改革的开始。2011 年出台的《共同的责任：面向 21 世纪的澳大利亚学徒制》全面系统地分析了新学徒制所面临的挑战，并提供了有效的改进策略与建议。2013 年发布的新版澳大利亚国家资格框架、2014 年出台的《工业创新和竞争力议程：澳大利亚强盛的行动计划》、2015 年实施的"工业 4.0 高级学徒制计划"以及 2017 年的"工业专家学徒指导"计划等均推动着澳大利亚现代学徒制的改革与创新。

二、澳大利亚"新学徒制"实施模式

1998年，为满足经济建设对人才的需求，澳大利亚在整合传统学徒制和受训生制度的基础上正式实施新学徒制培训。新学徒制培训项目将教育教学与实践机制相融合、实际操作与培训课程相结合，以"培训包"为基础，在全国统一的培训框架下开展完成学徒培训，帮助学徒获得全国认可的职业资格证书。

澳大利亚的新学徒制以澳大利亚资格框架、培训包以及质量培训框架为培训项目和依据。通过新学徒制的学习培训，学徒可以获得澳大利亚资格框架中从二级证书到职业教育高级文凭的资格认证。澳大利亚的质量培训框架突出了职业资格技能的全国统一标准，为学徒培训工作提供质量标准与制度保障。新学徒制的培训内容和考评标准则是根据资格框架下的"培训包"开展的。"培训包"是国家职业教育与培训的"培训指南"，是通用的资格体系的能力标准，是重要的教学法规。培训机构和TAFE学院根据"培训包"标准为学徒提供培训并开设相应的课程，学徒毕业时颁发的证书可与澳大利亚资格框架相对接。

澳大利亚新学徒制的运作方式是：学徒（受训生）、雇主、政府认证的注册培训机构（主要是TAFE学院）沟通协商后达成培训协议，并在协议中明确培训目标、能力单元以及各方的权利义务，培训计划由此正式开始。之后，学徒培训按照培训协议开展，培训在企业与培训机构之间交替进行。学徒培训一般为3~4年（受训生制一般为1~2年），学徒（受训生）通常有20%的时间在培训机构学习知识和技能，80%的时间在企业接受大量的实践培训。学徒（受训生）完成培训后，雇主向注册培训机构或所在地培训局提供相关的能力证明，经注册培训机构审核后向学徒（受训生）颁发全国统一的资格证书。如果学徒仅完成了能力单元内容的学习，则由所在地培训局颁发能力证书。

澳大利亚联邦政府高度重视学徒制的发展，设立的专门机构为新学徒制的顺利实施提供了坚实的保障。国家层面建立了"职业与技术教育部长委员会"，它的职责是全面统筹职业教育的发展战略和规划，并协调处理跨地区的职业教育问题。其下设"国家质量委员会"，由政府、行业团体、工会、雇员组织和培训机构的代表组成，负责质量培训框架的开发并监督其执行。各州和各地区设立了培训局，负责具体的管理和监督工作，包括对注册培训机构的管理、学徒培训合同的审批以及对培训质量进行监管。澳大利亚学徒制中心则为最基层单位，主要职责是为雇主或受训生牵线搭桥、签订培训合同、调解矛盾、帮助申请激励经费等。行业层面主要由国家产业技能委员会及其下设的行业产业技能委员会对学徒制进行管理，其主要职责是收集产业培训的相关信息，梳理宏微观环境和行业变化，开发、修订、更新与整合"培训包"等。这些管理组织的建立，为确保学徒制的规范运行、保证学徒培训质量提供了重要的组织保证。

澳大利亚政府通过颁布一系列法律、制定相关政策、加大学徒制经费拨款力度等方式对新学徒制发展进行调控与指导。首先，澳大利亚的学徒制具有良好的立法历史基础，且立法形式多样、覆盖面广，为新学徒制的管理、实施和监督提供了较好的法律保障。2005 年，《实现澳大利亚劳动力技能化法案》的颁布，为职业教育与培训的改革提供了有效的法律保障，标志着新学徒制改革的开始。联邦政府于 2008 年出台了《澳大利亚技能保障法》，于 2010 年出台了《职业教育与培训管理法案》，这两部程序性法案明确了培训机构建立的流程与原则等。各州和领地也围绕澳大利亚学徒制陆续出台了相关法案，例如南澳大利亚的《培训与技能开发》、维多利亚的《教育与培训改革法案》等。2011 年出台的《共同的责任：面向 21 世纪的澳大利亚学徒制》《技能促进繁荣：职业教育路线图》《加速学徒计划》，2013 年出台的新版《澳大利亚国家资格框架》，2014 年出台的《工业创新和竞争力议程：澳大利亚强盛的行动计划》等政策文件对学徒制的培训框架、课程设置、结果评估进行规范，使"新学徒制"内容不断丰富、灵活性持续提高、质量不断优化。其次，澳大利亚政府还通过设立财政补贴标准对学徒培训的质量、发展方向、完成程度等进行调控，以确保学徒培训高质量地开展。澳大利亚学徒培训的费用主要由政府承担，并且政府出台了许多经费激励措施，例如给予企业的基础津贴、技能短缺人才培训津贴、雇主培训奖励、专项资助津贴、额外补助、税收减免以及给予学徒的学生贷款计划等，以提高企业和学徒参与现代学徒制的积极性。

三、澳大利亚现代学徒制的有效经验与典型特征

自 1998 年开始实施"新学徒制"专项改革后，澳大利亚现代学徒制历经二十多年的发展已取得了一定成效，例如学徒规模不断扩大、培训水平逐年提升、企业参与度日益提高等。澳大利亚新学徒制具有政府高度重视、有明确的培训项目和依据、拥有保障措施完备的澳大利亚质量培训框架等特点，为澳大利亚的企业输送了大批对口的技术技能型人才。

1. 政府高度重视，充分发挥主导地位

澳大利亚政府高度重视学徒制的发展，将现代学徒制作为国家战略层面的制度进行建设，例如完善相应法律法规、设立专门机构、制定全国统一的澳大利亚职业资格框架、构建完善的运行及管理体系以及出台一系列经费激励措施等来保障现代学徒制的质量和效率。澳大利亚联邦政府先后制定并颁布《实现澳大利亚劳动力技能化法案》《澳大利亚技能保障法》《职业教育与培训管理法案》等一系列法案，各州和领地也陆续出台了学徒制相关法案，这些法案覆盖全面、形式多样，既有综合性、整体性、框架性的法律法规，也有单一、详细的条款和规定，为新学徒制的管理、实施和监督提供了较好的法律保障。此外，澳大利亚政府专门建立了职业与技术教育部长委员会、国家质量委员会、培训局、学徒制中心等管理组织，为确保学徒制的规范运行提供了重要的组织保证。

2. 拥有保障措施完备的澳大利亚质量培训框架

为保障学徒培训的质量，澳大利亚政府出台"澳大利亚质量培训框架"作为其新学徒制培训的质量管理体系，为学徒培训工作提供了质量标准与制度保障。质量培训框架一是规定了注册培训机构的办学条件和办学能力，包括注册标准、地方机构资历认证标准以及卓越标准；二是规定了各州或领地的注册/课程认证机构的标准和培训课程标准，为行业制定了统一的国家认可制度。澳大利亚的质量培训框架突出了职业资格技能的全国统一标准，成为其学徒质量的重要保障。

3. 推行以培训包为核心的培训内容

澳大利亚的新学徒培训内容以培训包为中心。培训包含有国家能力标准、

国家评估指南和国家资格证书及学习策略、评估资料和发展材料，是全国通用的学徒培训依据、职业技能认证标准、课程开发的指导性材料，是开展学徒培训的重要官方文件和教学法规，由行业技能委员会开发并不断进行修订和更新。培训包的使用是澳大利亚职业培训中的独有特色，它将全国统一的证书、职业能力的培养、课程的学习和评价串联起来，形成了完整的培训指南，为全国职业教育培训提供了依据，为职业技能认证提供了标准，为职业教育课程开发提供了指针，从而有利于澳大利亚新学徒制的顺利推进。

第五节　美国现代学徒制

注册学徒制是美国现代学徒制的典型代表，历史悠长、管理和实施比较规范。美国注册学徒制自 1937 年起率先在建筑业和制造业等行业推行以来，迄今已经有 1 000 多种职业领域实现了注册学徒制培养，培养了大量具有合格从业技能的从业人员。

一、美国现代学徒制的发展历程

1937 年，为了推动学徒制朝着规范化、科学化的方向发展，美国政府颁布了《国家学徒制法》，该法也被称为《费茨杰拉德法案》。受该法案的影响，美国各州纷纷颁布自己的学徒制法规，并成立学徒制管理部门。这个法案和以后的修正案为学徒制规章制度的建设提供了依据。至此，美国注册学徒制在法律与管理机制上得以正式确立。自 20 世纪 50 年代开始，美国注册学徒制开始快速发展并不断完善，主要表现在受众群体数量不断增长、相关法律法规不断健全。1963 年颁布的《职业教育法》、1992 年颁布的《妇女学徒制和非传统职业法案》、1977 年颁布的关于注册学徒制操作的具体法案和 1998 年颁布的《劳动力投资法》都对美国注册学徒制的发展具有重要意义。自 20 世纪 90 年代末以来，美国注册学徒制开始不断拓展信息技术等高速发展行业领域的学徒制的发展。2008 年，为解决企业投入乏力、优良师资匮乏等问题，使注册学徒制能进一步满足新的经济发展对人才的需求，美国政府出台了增加资金投入、强化绩效评估等系列改革措施。新的系列改革措施颇有成效，但总体下滑局面仍未能得到根本性扭转。为顺应未来经济社会发展需要，2014年，美国政府再次强势推出注册学徒制振兴计划，构建"注册学徒计划—院校联盟"，力图突破发展瓶颈，全方位推动注册学徒制的发展壮大。2017年，美国总统特朗普签署了在美国扩展学徒制总统行政令，组织各部门力量全力推进学徒制工作，正式开启了美国"扩大学徒制"的工作进程。美国政府的这些举措，有效推动了注册学徒制的高速发展，注册学徒制已经成为美国就业人员参与教育与职业培训的最主要手段之一。

二、美国"注册学徒制"实施模式

在实施模式上，美国注册学徒制是一种基于行业发展需求而制订的正规职业培训计划。注册学徒制的大致形式是，企业雇主或者企业雇主联盟以注册项目形式发起注册学徒计划，政府相关部门审批通过后，就可以开展学徒制培养并接受政府部门的监管和保护。经过注册的学徒严格遵循既定的培训计划，在合格讲师和熟练工人的指导监督下学习理论知识和生产技能并参加现场生产劳动，通过相关考核而获得国家认可的职业资格证书以及相关岗位就业机会等，学徒也可根据自身需求选择接受不同类型的教育或进入更高层次学校继续深造。注册学徒制的学习期限为1~6年不等，学制灵活，由行业和学徒培养模式决定。学徒年龄不得低于16岁，除了初高中毕业生以外，美国注册学徒制的学徒工还包含高中生涯技术教育在校生、失业人员、退伍军人、大学毕业生以及社会专业技术人员等。

在管理机制方面，美国建立了权责明确、清晰的三类现代学徒制管理机构，分别为监督机构、标准制定机构、具体执行机构，每一种机构的具体职责都有清晰界定。美国劳工部是监督机构，负责注册学徒制系统，提供认证。劳工部设立的学徒制咨询委员会为标准制定机构，负责为联邦政府提供与注册学徒制相关的决策咨询和建议、制定注册学徒的劳动标准、协调注册学徒制系统各部门等。各州也设相应的组织机构负责管理本州范围内的学徒制培训，具体执行现代学徒制培训计划。比如建立了学徒制事务局，其主要职责为注册符合标准的学徒制计划、发放结业证书、推广和技术援助，保护学徒安全与健康，保障培训质量；劳工部学徒制办公室则负责没有设立学徒制事务局的州的上述管理与实施工作；美国许多州还在大学或社区里设置一站式就业指导中心，提供职业培训与就业咨询，协助州学徒制事务局工作的开展。

美国的注册学徒制有完善的法律保障体系和充足的经费支持。自 20 世纪 90 年代起，美国历届政府都通过立法、经费投入等方式支持学徒制的发展。学徒制的每一次革新，政府都会出台或修改相关法案并做出详尽的规定。联邦政府通过立法为现代学徒制的发展提供经费支持、明确企业的责任和权利、对参与的学徒进行资助、保障企业和学徒的基本权益等。除了联邦政府颁布的法律外，各州也有相关法律保证学徒制顺利实施。美国政府对于学徒制的经费拨付持续增加，例如，2018 年美国劳工部下拨 1.5 亿美元支持全国关键行业领域基于行业的学徒制扩展路径。美国各州也通过奖励措施和税收抵免政策等资助措施来激励企业参与注册学徒制的发展。

三、美国现代学徒制的有效经验与典型特征

美国政府高度重视注册学徒制的发展，通过政策扶持、资金投入一系列方式保证学徒制的顺利实施。目前，美国学徒制拥有完善的法律保障体系，权责明确、清晰的现代学徒制管理机构，充足的经费支持，科学的评价标准和严格的证书体系。政府大力支持企业雇主、社区学院、学徒工、行业协会、工会等各相关主体积极参与、各司其职。在他们的共同努力下，美国的注册学徒制也在不断走向完善，在增强劳动者从业技能、提高企业竞争力以及促进区域经济发展等方面发挥了积极作用，得到了社会的广泛认可。

1. 现代学徒制在联邦和州层面具有完善的法律保障体系

联邦政府会在宏观上出台或修改相关法案保障学徒制实施，各州政府也根据本州发展的具体情况制定相应的政策法规，这些规定使州层面的学徒制项目规范有序。联邦和州层面的法律保障使学徒制在州和全国范围内蓬勃发展起来，学徒制成为美国职业教育的重要途径和主要手段。

2. 拥有权责明确的现代学徒制管理机构

美国劳工部负责管理和协调全国范围内的学徒制培训，各州也设相应的机构负责管理本州范围内的学徒制培训。美国的现代学徒制管理机构包含了标准制定机构、监督机构、具体执行机构这三类机构，且每一种机构的具体职责都有明确规定。美国劳工部、学徒制咨询委员会、学徒制事务局、劳工

部学徒制办公室、一站式就业指导中心等机构共同协作，对现代学徒制的顺利实施起到了保障作用。

3. 美国政府鼓励企业参与注册学徒制建设

美国政府通过资金投入、减免税收等方式激励企业参与注册学徒制建设，包括积极鼓励企业参与开发国家指导标准、参与开发以行业为导向的国家技能标准与特殊技能职业培训课程体系、召集行业相关专家来为行业中要求较高的职业编写相应的注册学徒制制度等。通过鼓励企业参与注册学徒制建设，增加了企业进行学徒培育的话语权，充分发挥了企业的主导性作用。

第三章

现状困境：我国高职金融类专业现代学徒制试点

为了解现代学徒制实施中存在的问题，我们于 2020 年 7—12 月通过网络对全国开展金融类专业现代学徒制试点的院校进行了调研。调查对象包括参与金融类专业现代学徒制人才培养的工作人员、校内导师、企业师傅及高职学生（学徒）。对校内导师、企业师傅的调研采用访谈的方式，对高职学生（学徒）的调研采用发放调查问卷的方式。问卷采取匿名的方式，共发放问卷 280 份，回收数量为 261 份，有效问卷 258 份。

第一节　金融类专业现代学徒制学生学习情况调查问卷调研分析

一、学徒制认知情况

1. 选择现代学徒制专业的出发点

由图 3-1 可知，32% 的学生选择现代学徒制专业的出发点是老师介绍，29% 的学生为听从父母或他人意见，"报酬待遇"（14%）和"职业前景"（12%）分别占第三、第四位，出于个人兴趣的则较少，占比仅为 9%。

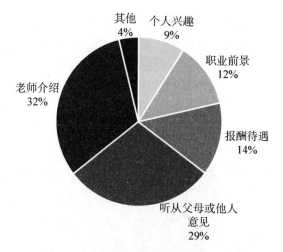

图 3-1   选择现代学徒制专业的出发点

2．了解现代学徒制的渠道

由图 3-2 可知，大部分的学生是通过老师介绍了解现代学徒制，占比在 60% 以上，其次是"学校宣传"（18%）、企业讲座与推介（12%）和"网络、电视、报刊等媒体"（6%）。

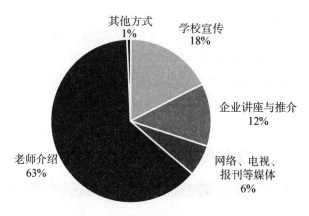

图 3-2   了解现代学徒制的渠道

3．选择现代学徒制项目的最大顾虑

如图 3-3 所示，在选择就读现代学徒制项目班最大的顾虑方面，38% 的学生害怕"跟企业签了协议，以后就业没有更多的选择空间"，21% 的学生害怕"要求严，怕考核不合格不能在合作企业就业"，"学校企业两边学习反而学不到扎实的东西"（17%）、"其他（如专升本等）"（14%）和"学习任务太重，没有更多自由时间安排大学生活"（10%）则分别占第三、第四、第五位。

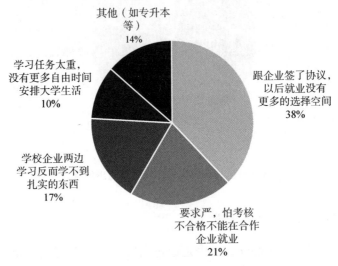

图3-3 选择现代学徒制项目的最大顾虑

4. 企业与学校联合培养的优势

如图3-4所示，60.47%的学生认为在现代学徒制培养模式下企业与学校联合培养的优势是"实训技能更加扎实"，57.36%的学生认为"专业知识更加牢固"，"加深对专业的认识"（47.67%）、"岗位职责更明确"（30.23%）和"其他优势"（1.94%）则分列第三、第四、第五位。

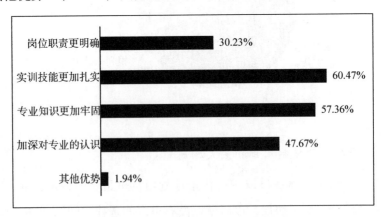

图3-4 企业与学校联合培养的优势

二、学徒学习情况

1. 企业提供的实践时间安排的合理性

如图 3-5 所示,认为企业提供的实践时间安排很合理的占比最高,接近一半;30%的学生认为实践实训时间占总课时比重太少,但也有17%的学生认为实践实训时间占总课时比重太多。

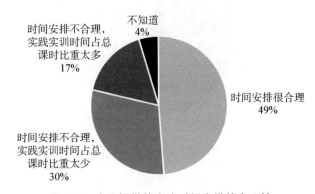

图 3-5 企业提供的实践时间安排的合理性

2. 教学安排

如图 3-6 所示,在现代学徒制项目的教学安排方面,大部分学生选择"学校学习与企业学习交替进行",33%的学生选择"先在学校学习基础知识,然后到企业顶岗实习",选择"大部分时间都在企业学习"的学生则占比较少。

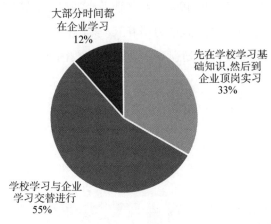

图 3-6 教学安排

3. 学徒制管理制度

如图 3-7 所示，一半以上的学生不清楚学校是否有专门的学徒制管理制度，40%的学生知道有，仅有 3%的学生认为没有。

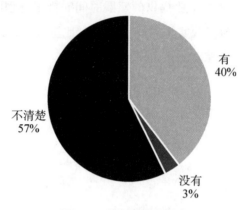

图 3-7 学徒制管理制度

4. 导师表现

如图 3-8 所示，对于校内导师做得好的方面，学生选择"理论知识传授"这一选项的最多，占比为 88.37%；其次是德育（68.60%）；"日常管理"（65.50%）、"职业生涯规划引导"（60.47%）和"实践能力培养"（37.98%）则分列第三、第四、第五位。对于企业导师做得好的方面，学生选择"实践能力培养"的最多，占比为 75.58%；其次是日常管理（40.70%）；"理论知识传授"（29.46%）、"德育"（25.19%）和"职业生涯规划引导"（5.43%）分列第三、第四、第五位。除了"实践能力培养"，学生在"日常管理""理论知识传授""德育"和"职业生涯规划引导"方面认为校内导师做得好的比例均高于企业导师。

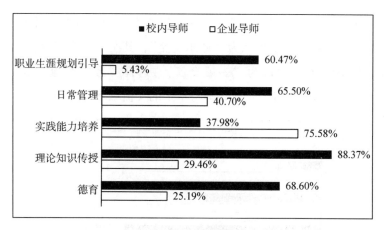

图 3-8　导师表现

5. "双导师制"存在的问题

如图 3-9 所示，76.74%的学生认为"双导师制"实施中存在"双导师职责分工不明确"的问题；其次是"企业导师作用发挥不够"（72.87%）；"导师与学生之间沟通太少"（67.05%）、"企业导师'挂名'现象严重"（56.20%）和"师傅有所保留，没有全部教给学徒"（29.84%）则分列第三、第四、第五位。

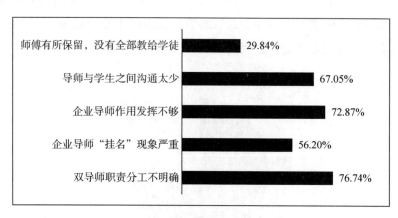

图 3-9　"双导师制"存在的问题

6. 导师与学生的交流频率

如图 3-10 所示，在导师与学生的交流频率方面，对校内导师来说，41.47%的学生认为"经常交流"；其次是"有时交流"，占比为 32.95%；

19.77%的同学认为"一般交流";选择偶尔或没有交流的则占比较少。对企业导师来说，29.46%的学生认为"偶尔交流";其次是"有时交流"，占比为27.52%;23.64%的同学认为"一般交流"，选择"经常交流"和"没有交流"的都较少。总体而言，企业导师与学生的交流频率低于校内导师。

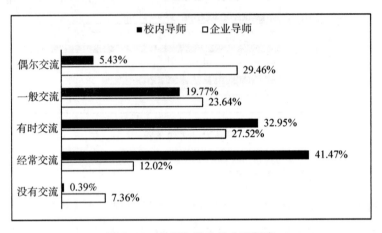

图 3-10　导师与学生的交流频率

7. 能够运用到企业实践中的校内理论知识

如图 3-11 所示，67%的学生认为在学校所学的理论知识绝大部分或大部分可以用到企业的实习实践中，24%的学生认为可用知识较少，9%的学生则认为基本没有或完全没有可以用的知识。

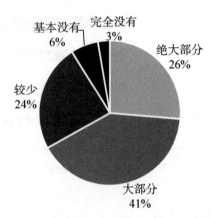

图 3-11　能够运用到企业实践中的校内理论知识

8. 在企业学习期间企业应加强的工作

如图 3-12 所示，认为在企业学习期间企业应加强的工作是"师傅应给予更多的指导和关照"的学生占比最高，接近 60%；其次是"适当提高工资待遇和福利待遇"（48.06%）；"提供更多有针对性的工作岗位"（37.60%）、"提供更好的工作环境"（27.52%）和"为学生提供安全和法律保障"（24.42%）则分列第三、第四、第五位。

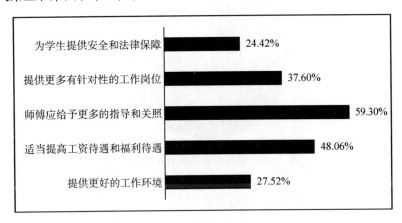

图 3-12　在企业学习期间企业应加强的工作

三、学习满意度情况

1. 对学校专业知识和技能培养的满意度

如图 3-13 所示，对学校专业知识和技能培养非常满意或满意的不到一半，34% 的学生表示满意度一般，18% 的学生则认为不满意或很不满意。

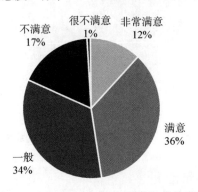

图 3-13　对学校专业知识和技能培养的满意度

2. 对本专业教学资源的满意度

如图 3-14 所示，52%的学生对本专业教学资源的评价是非常满意或基本满意，32%的学生表示满意度一般，16%的学生则认为不满意或很不满意。

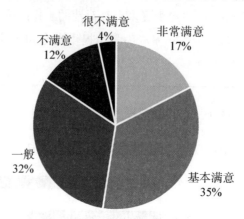

图 3-14 对本专业教学资源的满意度

3. 对课程考核评价合理性的满意度

如图 3-15 所示，64%的学生对课程考核评价合理性的评价为非常满意或基本满意，27%的学生表示满意度一般，9%的学生则表示不满意。

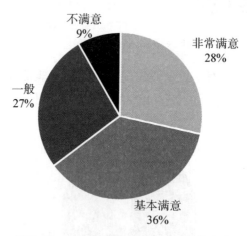

图 3-15 对课程考核评价合理性的满意度

4. 对导师表现的满意度

如图 3-16 所示，25.97%的学生对校内导师的表现表示满意，37.21%的学生对校内导师的表现比较满意，18.22%的学生表示满意度一般，12.79%的学生表示不满意，还有5.81%的学生表示很不满意。而对于企业导师，只有16.28%的学生表示满意，26.36%的学生表示比较满意，22.87%的学生表示满意度一般，22.48%的学生表示不满意，还有12.02%的学生则表示很不满意。

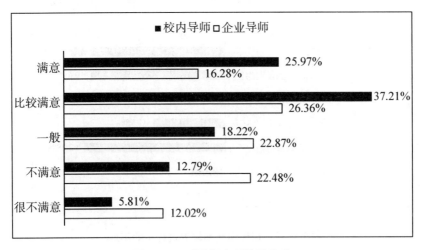

图3-16 对导师表现的满意度

5. 现代学徒制教学能否满足对工作的期望

如图3-17所示，35%的学生认为现代学徒制教学能够很好或较好满足对工作的期望，48%的学生认为期望一般需改进，17%的学生则认为亟须改进。

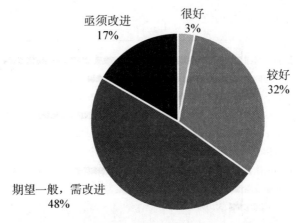

图3-17 现代学徒制教学能否满足对工作的期望

6. 现代学徒制培养过程中的不足

如图 3-18 所示，68.99%的学生认为现代学徒制培养过程中存在的不足包括学校实训项目有限、企业参与度不够，其次是企业师傅指导不足（62.79%），再次是无法达到预期的目标（59.69%）；认为"工作重点不明确""岗位安排不合理""实训设备配备不足，能力无法全面发展"的则相对占比较小。

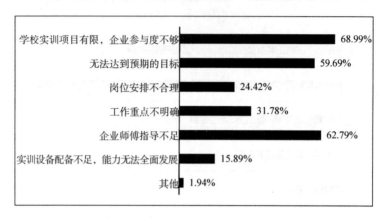

图 3-18　现代学徒制培养过程中的不足

7. 学徒制培养需强化的内容

如图 3-19 所示，在认为学徒班还应该加强哪些能力的培养方面，56.59%的学生认为是分析和解决问题，其次是人际关系（48.45%），"沟通协调能力""适应能力""工作态度""自学能力""专业技能"和"外语运用能力"则分列第三至第八位。

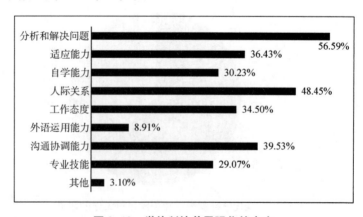

图 3-19　学徒制培养需强化的内容

8. 现代学徒制的影响

如图 3-20 所示，在现代学徒制的影响方面，61.63%的学生认为有助于理论联系实际，其次是增强未来就业竞争力（60.47%），"有助于提高人际关系的沟通和协调能力""激发我对此行业的兴趣""有助于建立正确的价值观和端正工作态度"则分列第三、第四、第五位。

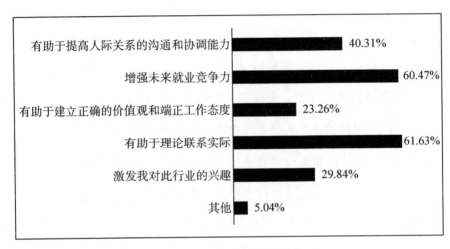

图 3-20　现代学徒制的影响

9. 对所在专业现代学徒制的建议

学生普遍反映对企业的认可度不高、归属感不强。一是企业跟学校的管理方式和管理制度的不同让学徒难以适应；二是企业的业务完成难度大，让学徒普遍有挫败感；三是一些岗位所能获得的技能少、绩效低，学生获得感低；四是企业导师参与较少，交流不够，对学生的帮助有限。因此，学徒希望学校和企业双方能制订统一的管理制度，并提前告知，让学徒能提前适应。同时，学徒希望能建立心理辅导站，帮助他们解决心理问题。此外，学徒也普遍希望企业导师能加强对他们知识、技能及素质方面的指导，帮助他们更好地适应岗位和社会。

第二节 校企相关人员访谈调研情况分析

1. 所在专业采用何种方式实现招生招工一体化？是否存在不足之处？

我们通过访谈校企双方学徒制工作团队成员了解到，大部分高职院校金融类专业在现代学徒制试点过程中均采用了先招生后招工的方式，只有极少数院校采用了招生招工同步的方式，广东地区部分院校针对企业员工实施了先招工后招生模式。另外，大多数老师反映，之所以选择先招生后招工模式是因为更符合当前教育现状、更便于实际操作，但相比另外两种模式，这种模式更容易造成学徒企业员工身份感不强、职业认知不清晰等问题。

2. 所在专业与企业是如何开展"工学交替"共同培养人才的？

我们通过访谈部分金融类现代学徒制试点专业带头人、专业负责人发现，部分专业所谓的现代学徒班其实与原有企业冠名班或订单班大同小异，有的班级仅仅在大三学期才开始安排学徒企业实习，前两年学生均在学校学习理论；有的虽在大一、大二安排学徒到企业实习，但企业学习时间过短，学生到企业也多为走马观花"体验式""参观式"学习。这样的教学模式本质上仍然是传统的"先理论后实践"模式，并不符合学生的职业认知规律和学习规律，与现代学徒制下通过工学交替让学生"实践—理论—实践—理论……"的教学要求相违背。

3. 是否建立了与现代学徒制相匹配的教学类标准？是否存在问题？

我们通过访谈了解到，几乎所有教师的所在院校在进行现代学徒制试点过程中，均制定了相应的人才培养方案、课程标准，但部分院校缺失专业教学标准、岗位标准、实训标准等指导性文件。同时，标准制定过程中普遍存在企业参与度不够、标准质量不高等问题。在标准制定过程中，缺乏国家层面、省级层面的统一标准供借鉴，也给部分师资力量薄弱的院校和专业制定现代学徒制标准带来了困难。

4. 课程体系与教学方式相比传统教学有何变化？

通过访谈我们发现，仅约占比一半的教师能清晰阐述现代学徒制下本专业的课程体系和原有人才培养模式下的课程体系的异同，并明晰自己所授课程在专业现代学徒制人才培养体系中的地位和作用。教师作为完成人才培养目标的核心教学主体尚对专业现代学徒制改革缺乏准确认识，反映出许多金融类专业现代学徒制的改革尚停留在表面，触及深度还远远不够。在教学方式上，大多老师认为现代学徒制对自身的教学能力提出了很大的挑战，大部分校内导师认为对企业岗位工作流程不熟悉、实战经验缺乏、教学内容与方式需同企业教学对接是他们面临的最大困难。

5. 导师指导学生的数量是多少？

通过对校内导师和企业导师的访谈，我们了解到，大部分院校校内导师指导学生人数达 5 人以上，企业导师指导学生人数达 8 人以上。校内导师普遍反映学生与导师存在分配不均衡的问题，有的校内导师指导学生过多，有时候只能压缩备课或者教改和科研的时间，精力跟不上，不管是对教学效果还是个人发展都很不利；有的校内导师则相对轻松，指导 2~3 名学生的导师均表示工作强度不大，教学效果较好。企业导师指导学生则更多，均表示由于他们还有日常工作和业绩考核的压力，不能花太多的精力，只是简单地指导一下学生，跟学生交流较少，等课程或实习结束后也很少再跟学生联系。

6. 导师是如何选拔的？

通过访谈得知，学校基本上都会出台一定的选拔标准，但是这个标准的制定缺少企业的参与，而且相对比较模糊。在实际的选拔中，由于专业教师人数有限，且愿意参加学徒制班教学管理的老师较少，所以有意愿的且符合基本条件的专业老师都成了学生的校内导师，构成上基本以年轻教师为主。企业导师的遴选也存在较大问题，目前很多企业与学校的合作还停留在表面阶段，甚至企业不认同这份"差事"，不愿意投入更多精力在职业教育上，导致其在选拔上敷衍了事。

7. 校内导师和企业导师如何分工合作?

我们通过访谈得知,校内导师对自己培养学生的职责相对清晰,而企业导师基本明晰自己要完成的既定实践课程指导任务,但对指导学生实习、课程资源建设、学徒职业道德、职业精神等职业素质养成方面不够明确。校内导师和企业导师之间缺乏沟通与交流,基本上以校内导师主动跟企业导师沟通为主,企业导师的沟通意愿则并不强烈,大部分是因为工作繁忙,没有更多的时间精力跟校内导师沟通,学校和企业也没有提供一个好的平台来让他们进行沟通与交流。

8. 学校和企业是如何培养和考核导师的?

我们通过访谈得知,学校为了提高导师的教学能力,会鼓励导师参加相关的教学培训,一般以短期集中培训为主,但企业导师参与这些培训的积极性不足。学校也出台了相关政策鼓励校内教师下企业顶岗实践,但很多专任教师也把参加实践技能锻炼当成任务,以应付为主,真正落到实处的较少。在考核方面,很多考核标准存在着考核目标不明确、考核主体单一、考核评价随意等问题。目前,基本上是学校负责对校内教师考核,企业负责对企业导师考核,缺乏校企联动,再加上对学校导师和企业导师的利益激励制度不完善,导师对考核结果也不重视,因此达不到考核的目的。

9. 所在专业的学徒管理工作是如何分工的?

通过访谈校企双方学徒制工作团队成员和学徒班辅导员,我们了解到,多数学校和企业是根据学徒的学习场所来确定学徒的管理主体的。学徒在学校学习期间,企业鲜少参与学徒的管理,仅偶尔通过讲座、集体活动了解学徒,对学徒没有系统了解。而当学徒在企业学习期间,企业成为学徒管理的主体,辅导员虽能按学校管理制度对学生进行管理,但鲜少深入企业,了解学生的工作实际。

10. 学徒企业学习岗位是如何确定的?

通过访谈校企双方学徒制工作团队成员,我们了解到,学徒在企业学习期间，企业主要根据自身人才需求情况而非学徒的能力来确定岗位，往往非学徒自身意愿。同时，部分行业因自身对员工要求较高，如证券行业要求需具备从业资格证书才能参与经纪业务等，因此这些行业能提供给学徒的岗位往往是一些技术含量较低或学历要求较低的岗位，学徒能学到的知识和技能有限。同时，受岗位数量限制，企业往往将学徒安排在不同的分支机构进行学习，导致学徒企业学习场所分散，学徒管理难度大。

第三节　金融类专业现代学徒制实施过程中存在的问题

一、校企双主体育人模式方面存在的问题

1. 寻找合作企业难度大

一是行业人才的高流动性特征使得金融机构合作意愿不足。由于金融类企业在人才需求方面对学历往往有较高要求，高职院校毕业学生往往只能从事客户营销岗位和少数基层操作类岗位。在以往的校企合作过程中，营销岗位面临的销售压力较大，并且很多学生对就业形势缺乏客观认识和理性预期，导致其对营销类工作接受程度不高，容易出现遇到困难就放弃然后跳槽的情况，从而导致人员流动性高。这就使得金融机构不愿付出3年的时间，牺牲大量人力、财力、物力去培养学徒，而最终却"竹篮打水一场空"。

二是人力需求的不稳定性特征使得金融机构合作意愿不强。由于金融行业与国家宏观经济环境之间存在高度相关性，使得人才需求呈现随经济环境变化而波动的特性（典型如证券行业）。行业起伏与波动较大的特征使得企业不愿提前3年对大批学徒就业轻易做出承诺，也不愿花费较多精力培养学徒。

2. 双招工作质量不高

《教育部关于开展现代学徒制试点工作的意见》明确提出，现代学徒制在招生招工模式上要推行招生招工一体化，实现"招生即招工、入校即入厂、校企联合培养"。招生招工一体化有三种模式：招生招工同步、先招工后招

生、先招生后招工。在实际实施过程中，大多院校均采取先招生后招工模式，由于各地区招生政策等诸多原因，实行招生招工同步和先招工后招生模式的相对较少。但事实上，招生招工同步和先招工后招生两种模式更能从源头上实现学生入校即就业，明确学徒的学校学生和企业员工双重身份，保障学徒的合法权益。同时，调查显示，部分企业在参与招生招工过程中，仍然存在对学生双身份认识不到位的现象，部分企业将现代学徒制等同于原有企业冠名或订单班，对招生招工的重视程度不足等，导致招生招工工作质量不高。

3. 学徒企业归属感不强

结合学生问卷调研情况，从高职院校现代学徒制试点工作校企联合招生招工情况来看，只有部分新生选择现代学徒班并签订校企生三方协议，学生之所以选择学徒班大多也是因为老师对学徒制项目的介绍，而因为企业宣传或企业自身原因而选择学徒班的学生则相对较少，许多学生在进入学徒班时最大的顾虑也是担心以后丧失更多选择就业的机会，即使进入学徒班后，许多学生也往往把自己定位为一名高职院校学生而非企业学徒，整体来讲，学徒班学生对企业的认可度不高、归属感不强。

4. 企业主体作用缺失

因推行将企业工作本位职业培训与学校本位学历教育有机结合，现代学徒制被认为是从学校到工作的一种极佳的过渡模式，校企双主体共同育人也被视作现代学徒制的基本特征。但是，根据多家院校教师访谈情况来看，普遍觉得仍然存在一定的学校本位现象，虽然企业与学校严格按照现代学徒制的要求签订了校企合作协议、校企生三方协议，但合作企业参与人才培养的深度、对学徒制人才培养的重视程度还不足。有的企业虽积极性较高，但是对现代学徒制这一人才培养模式认识不足，在执行过程中错误地将其与订单培养、顶岗实习等同对待，学生在企业学习的过程中缺乏系统的培训和评价体系。同时由于金融行业监管较为严格，行业法律法规较多，工作保密性程度高，学生若以学徒身份而非员工身份真实参与岗位工作，会使得部分金融机构的工作保密性受到威胁，这就为学徒真实参与岗位实践带来了一定的难度。所以从试点院校来看，离职业教育要求的"专业设置与产业需求对接、课程内容与职业标准对接、教学过程与生产过程对接"的产教深度融合教学模式还存在一定差距。

5. 工学交替频次不足

"工学交替、岗位成才"是现代学徒制的校企双主体育人的细化要求，是现代学徒制教学组织与实施的首要标准。经过调研发现，部分院校所谓的现代学徒制不过是"先学校、后企业"的两段制教学模式，完全没有实施工学交替；部分院校虽实现了一定程度的工学交替，但工学交替频次过少。工学交替不足导致学生在学校掌握知识和技能之后不能立即走到工作岗位观摩实践、转化应用。

二、标准和课程体系开发实施方面存在的问题

1. 标准体系不够成熟和完善

现代学徒制标准是为了职业院校在开展现代学徒制人才培养过程中形成规范有效秩序，经政府、学校、企业、学生（徒）等主体协商一致后形成并在一定范围内共同使用的一种规范性文件。为了更好地开展现代学徒制人才培养，应制定相应的专业教学标准、课程标准、岗位标准、实训标准等，用以指导、规范和评价各职业院校现代学徒制人才培养过程与成效，促进人才培养质量的提升。虽然已经历了三轮试点，但金融类专业因现代学徒制试点院校数量较少且试点院校间学徒面向行业和岗位的差异性大，因此在金融专业层面的标准建设还不够成熟和完善，也缺乏一套标准用来指导和规范各职业院校金融类专业进行现代学徒制标准编制。

2. 课程体系双元性体现不足

在现代学徒制人选培养模式下，要实现双元育人、工学交替、理论与实践教学相融合，原有的以学校为本位的课程体系以及课程教学内容、教学方法手段等都须经历系统化、双元化的改造与变革，才能落实现代学徒制的真

正内涵，否则学生毕业进入工作岗位后，仍然会面临实践能力差、抗压能力弱、人际交往能力不足等问题，难以实现学生（徒）从学校到企业的平稳过渡。现代学徒制要求摒弃传统职业院校为主、企业为辅的教学模式，开发学校和企业双本位的职业教育新形态下的课程体系，依托双导师团队实现双主体育人。但部分院校在课程的设置和体系构建上还存在学校主导现象，校企双方人员沟通不够，更多还是学校教学团队根据企业工作岗位的主观设想和了解来构建相对应的学校课程和企业课程，并且企业课程所占学时比例偏少，课程内容的调整也不到位。

3. 课程理论教学与实践教学相剥离

我国职业院校现代学徒制起步较晚，在试点过程中部分高职院校对现代学徒制下的教学模式与传统教学模式的区别理解不到位，导致执行过程中只是设置了部分企业实践课程，却忽视了校内课程的配套教学改革，校内教学过程仍采用的是原有的教学模式、教学手段、教学方法，校内教师与企业导师之间缺乏沟通交流，导致校内教学与校外教学、理论教学与实践教学相剥离。同时，在企业教学过程中，由于企业导师虽实践经验丰富但教学水平有限，容易出现无法采用较好的教学方法对学生进行技能传授、无法很好地结合校内导师传授的理论知识进行实践指导的情况，最终仍然导致校内教学与校外教学脱节。

三、双导师队伍建设方面存在的问题

目前我国现代学徒制双导师队伍建设虽已取得一定的成效，然而无论在质量还是在数量方面都还存在着一些问题，如双导师数量规模不足、结构不够合理、层次参差不齐、双导师选拔标准模糊及管理的规范程度不高等问题，这些都制约着现代学徒制的良好发展，成为现代学徒制发展的"瓶颈"因素。

1. 双导师师资力量不足，师傅能力、资质结构不尽合理

现代学徒制双导师队伍包括校内导师和企业导师，只有协调配置两者的规模、结构、比例等才能满足学徒制人才培养的需要。首先，校内"双师型"教师较少，师资力量不足。调查发现，大多数高职院校的师资来源主要是应

届硕士研究生，他们具有较强的理论知识，但实践技能较弱，符合校内导师聘用条件的既具有专业理论水平又具备较强的业务技能以及一定的相关行业从业经验的"双师型"教师较匮乏，师资力量明显不足。再加上相比普通班的授课教师，承担学徒班教学的校内导师还有许多额外工作，导致其工作难度大，需要付出更多的时间和精力，加上缺乏相应的激励机制，所以很多学校老师不愿意承担校内导师的工作。其次，企业导师数量严重不足，教学能力有限，层次参差不齐。目前，由于很多企业不愿意派遣优秀的技术人才来学校任教，再加上由于学校给企业导师的报酬不足以吸引他们承担实践教学任务，企业导师的数量严重不足，师生比例失衡。而且企业导师大多数都没有接受过系统的职业教育理论与方法学习，教学能力不足、教学管理经验欠缺、带徒指导能力不高，再加上由于工作任务繁重等很难投入大量时间精力于学校的人才培养，导致系统深入地完成有效教学工作相对困难，无法保障教学的高质量。

2. 校内导师与企业导师的职责不明晰，双方缺乏沟通与交流

首先，双导师职责不明确，对学生全面指导的效果较差。我们通过对校内导师和企业导师的访谈发现，导师对自己培养学生的职责不明晰，除了对课程教学的任务相对明确以外，对指导学生实习、课程资源建设、学徒职业道德、职业精神等职业素质养成等方面不够明确。相对而言企业导师对自己的职责更不明晰，仅以完成既定的实践课程指导任务为要求，并不重点关注对学生的培养目标是应该获得职业应具备的基本能力还是一项职业应具备的技能，未能履行对学生全面指导的职责。而且，根据学生问卷结果显示，学生认为双导师存在的最大问题就是校内导师与企业导师的职责不够明确，他们的教学与对学生的指导在合作上出现障碍，学生有需求向老师求助的时候甚至不知道找校内导师还是企业导师，这势必会影响到学徒制人才培养的质量。其次，校内导师和企业导师之间缺乏沟通与交流，双方"各自为政"。校内导师与企业导师分工合作共同培养学生，但在"双导师协同育人"实施过程中因缺乏良好的沟通机制而使导师缺乏协作。调查显示，校内导师跟企业导师的沟通意愿较强，企业导师则因为工作繁忙，培育学生积极性不够，除

了课程教学以外几乎不愿参与人才培养规格设定、课程体系建设、教学资源建设活动等各种原因与校内导师沟通较少，学校和企业也没有构建一个相关的制度和空间来让校外导师与校内导师进行沟通与交流，导致"双导师"之间交集较少，无法在学生的培育方面形成良好的沟通，难以实现对学生的互补培养。

3. 对双导师的管理规范程度不高

调查表明，目前开展学徒制的院校和企业在校内导师和企业导师的遴选、聘任、培养、考核和激励等方面仍然存在诸多问题，这不利于学徒的高质量培养。首先，校内导师和企业导师的遴选缺乏一定的标准，随意性较大。目前学校教师和企业人员的专业技能和素养参差不齐，建立健全双导师遴选标准，选择理论知识丰富、专业技能和道德修养过硬的导师，是现代学徒制人才培养质量的重要保障。但是从对校内导师和企业导师的访谈可以发现，对于校内导师来说，一般具备中级以上职称或职业资格证书的"双师型"教师都会成为学生导师，但这类"双师型"教师仍然缺乏真正的专业实践技能，达不到现代学徒制"双导师"的资质要求；企业导师的遴选标准则相对宽泛、粗糙，更多地以学历和工作年限作为基本标准，忽视了企业导师作为职业教育教师必须具备的职业教育理论和基本方法的要求，导致企业导师队伍的整体素质与实施现代学徒制"双主体"育人的要求严重不符，不利于培养高素质的技术技能人才。其次，"双导师"的培养流于形式。调查显示，为了提高双导师的教学能力，高职院校会开展相关的教学培训，但多是讲座式培训，不具有针对性、科学性和有效性，甚至是流于形式。尤其是企业导师的进修培训需要校企的合力才能展开，但由于企业的导师队伍建设意识薄弱、企业导师培训的积极性不足等原因，许多企业导师在担任学徒制师傅前后并未受到相关的培训。目前高职院校一直鼓励校内教师下企业顶岗实践，但多数专任教师参与企业生产一线实践技能锻炼的学习流于形式，以"假实践、假证明"来迎合上学校考核，真正落到实处的较少，其专业业务技能仍未真正得到提高。最后，双导师考核激励机制不健全。很多学校对导师带徒工作的考核评价工作存在较大的随意性，缺少正式规则的约束，并未能真正发挥考核评估的作用。很多考核标准存在考核目标不明确、考核主体缺少第三方评价、考核形式和方法单一、重终结性评价轻形成性评价等问题，考核标准的科学性和合理性值得商榷。部分院校则缺乏对学校导师和企业导师的利益激励制度，没有明晰的工资待遇、专业技术资格晋升、职位晋升和激励措施，极大地制约了校内导师和企业导师参与现代学徒制的积极性。

四、学生管理工作方面存在的问题

随着现代学徒制的开展，学生管理工作也逐渐得到人们的重视。但是，现代学徒制的"双主体""双身份"等特点又必然使得其学生管理工作更为复杂。经过调研发现，现代学徒制学生管理工作已经取得一定成效，但仍存在一些问题。

1. 校企管理协同度不足

校企管理协同度的不足主要体现在：学生在学校学习期间，企业鲜少参与管理工作，故而对学生了解较少，进而当学生进入企业学习时，无法及时根据学生情况来进行管理。而学校的辅导员也往往因学生进入企业学习而降低了对学生的管理力度，企业管理人员又由于缺乏相应的学生管理知识和经验，更是在开展相关工作时存在困难。此外，管理者、成员间缺少信息沟通与问题协调解决机制，也常常造成管理者难以及时了解情况，使问题累积而得不到及时处理。

2. 学生身份转换造成管理难度大

首先，学生无法适应身份转换。现代学徒制的人才培养模式决定了学生既是学校的学生也是企业的学徒，并且学生在学习过程中需要不断在"学生"与"员工"之间转换自己的身份。学徒在由"学生"到"员工"的转变过程中，容易出现环境适应困难、定位模糊不清、学习目标模糊等现象，从而给管理工作带来巨大挑战。其次，学生不具备部分岗位从业资格。目前，金融行业的许多岗位均需要通过从业资格考试才能上岗。但是，由于高职学生普遍自主学习能力不足，从业资格考试的参考率和通过率均较低，这大大限制了其在企业学习期间的学习范围。最后，企业学习的岗位、地点分散。受企业岗位限制，学生企业学习的岗位、地点往往在发生改变，学校管理人员很难对学生实施统一管理，这也在一定程度上增加了管理的难度。

3. 学生心理健康问题增加

现在的高职学生普遍是独生子女，拥有优越的生活环境，普遍具有较强的自尊心、自我意识，但逆商较低。当学生进入企业学习后，一般根据企业岗位实际需求进行人员配置，大多分散在企业的不同部门、不同岗位，学生的沟通能力、团队精神等问题都将一一显现，学生受挫感、不适感增加，这些问题若得不到疏通，可能会导致学生出现心理问题以及工作态度问题，给学生管理工作带来新的挑战。

4. 缺乏标准化的思政教育

思政教育是学校育人工作的重要内容，高职学生正处在世界观、价值观、人生观形成的重要时期，此时对学生加强思政教育就非常重要。但由于学生在企业期间直接接触社会，社会上的一些享乐主义、金钱至上等不良思想容易对他们造成负面影响，一些学生出现了理想信念模糊、思想波动大等问题，这给思政教育工作带来了较大的压力。学生在企业期间，思政教师尤其无法像往常一样有规律地开展相应的课程教学，辅导员也较难做到及时把握学生的思想动态，加上企业平时又疏于关注这些问题，因而制约了日常思政教育的正常开展。思政教育的缺乏，不利于学生形成良好的职业素质，不利于学生的长远发展。

5. 学生管理制度滞后

现代学徒制下的学生管理制度，不仅要涵盖原有高职学生管理领域的各方面工作，还应融入行业企业的相关管理内容和制度规范。然而校企双方面对现代学徒制给学生工作带来的一系列变革和冲击估计不足、反应较缓，从而导致相应的管理制度出台较为滞后，进而对学徒管理产生了一系列负面影响。首先，引发学徒流失。由于学徒考核与激励制度的欠缺，学徒得不到相应的报酬和保险，缺乏对金融企业的认同感和归属感，部分学生在毕业后放弃了在合作企业就业的机会。其次，师带徒呈现随意性。对师傅带徒过程的管理与考核机制不完善，导致对师傅带徒的监督、激励不到位，师傅带徒过程存在敷衍、随意现象，学生职业能力得不到切实提升。同时，部分师傅顾虑到学徒工作经验和专业能力有限，拒绝让学徒参与岗位实操，只允许其在岗位旁参观学习，学生得不到真正的岗位锻炼。最后，校企双方制度存在冲突。学校的学生管理制度往往较为温和与包容，而企业管理制度相对较为刚性，对服从和执行较为强调，由于双方制度未能有机结合，也会导致一些制度在执行的过程中冲突不断。

第四章

实践探索：高职金融类专业现代学徒制改革

第一节　模式篇

一、合作企业的选择

选择合作企业是现代学徒制试点的首要任务。只有选择到合适的试点企业，才能够有效克服当前高职院校金融类专业现代学徒制改革过程中遇到的诸多困难和挑战。根据德国、英国、瑞士、澳大利亚等国家实施现代学徒制的经验，结合我国金融类专业现代学徒制改革试点现状，在选择合作企业时，应着力考虑企业长期发展需求、企业的吸引力和影响力、培训能力、管理水平、校企合作基础等，并建立合作企业遴选标准制度。

1. 合作企业在现代学徒制改革实践中的重要性

现代学徒制的有效推行，离不开企业的积极参与。在现代学徒制的诸多特征中，其最核心的点是实施校企双元育人，在学徒的招聘选拔、人才培养方案的制定、教学实施、学习管理、学习评价、技能测评等方面均要求企业与学校共同配合完成。对企业来说，参与学徒制需要其投入极大的人力、物力、财力，如果企业对现代学徒制人才培养模式认识不到位，未做好充分思想准备或不具备实施现代学徒制的基础条件，双方合作将难以深入维持。因此，选择合适的合作企业对高职院校金融类专业开展现代学徒制改革来说是十分关键的一步，关系着改革能否顺利推进、培养的人才能否在企业用得上、留得住。然而，我国高职教育校企合作"学校热、企业冷"的现状，使得许多院校在改革试点过程中对企业的选择更多是通过"拉"而非"选"，对双方开展现代学徒制的合作基础、合作条件、合作利益、合作优势等缺乏科学合理的评估，导致项目推进过程中存在诸多困难和阻碍。因此，在与企业签订现代学徒制合作协议之前，学校必须对合作企业进行多元评估和实地考察，从单位资质、企业规模、管理水平、岗位发展、工作环境、培训水平、安全防护等多方面充分了解企业，确保通过现代学徒制合作能够切实培养高素质技能金融人才，提升金融类专业人才培养质量。

2. 现代学徒制合作企业选择要点

现代学徒制合作企业的选择需要高职院校进行综合考察全面考虑，金融类专业在选择时应将经营合法、设备完善、管理规范、符合金融行业监管要求作为选取企业的基本条件，在此基础上基于现代学徒制的特性，关注以下几个要点：

（1）要充分考虑金融机构长期发展需求

国家之所以大力倡导推行现代学徒制，主要原因在于在这一模式下校、企、生三方可以实现共赢。企业作为市场经济的独立主体，追求经济利益是其本质属性，"赢"是企业愿意积极参与现代学徒制的出发点。在高职院校层面，金融机构和学校合作的目的首先在于持续稳定地获取合适人才、降低人才招聘和培养成本；其次在于利用学校的师资力量、场所设备、科研平台等资源来提高自身服务水平，获取更高经济效益。因此，金融类专业在现代学徒制合作企业选择过程中，如果不充分考虑企业的发展需求，使其认识到通过合作可以解决其人才需求与经营效益问题，而仅仅从自身办学需求角度利用人脉关系请企业"帮忙"，将导致合作仅仅停留在表面，难以实现校、企、生互惠共赢。在重庆财经职业学院金融类专业现代学徒制改革实践过程中，在选择合作企业时有两点尤其需要关注：一是企业是否具有长期发展潜力和稳定的人才需求；二是企业是否认同现代学徒制是一种有效的节约成本的招揽人才方式，有较强的合作意愿。

（2）要考虑金融机构自身的吸引力和影响力

合作企业自身的行业地位、影响力以及在岗位薪资、福利、发展前景等方面对学生的吸引力对于现代学徒制项目的实施也极为重要。如果学徒制企业以及岗位均缺乏吸引力，学生不用参加学徒制项目仍可以到类似单位和岗位就职，学生参与的积极性必然不高；即便学生选择报名参加学徒制学习，最终毕业时仍不会选择到企业工作，企业的培养成本难以回收，这又会挫伤企业参与学徒制项目的热情，这也是很多企业在选择现代学徒制合作模式时最大的顾虑。如果学徒制企业及所提供岗位具有较强的吸引力，则既能吸引到优秀学生报名作为学徒，又能保证最终由他们来挑选合适的人才留任，形成良好的人才储备。因此，高职院校金融类专业应选择具有较高吸引力和影响力的企业建立学徒制合作关系，才能保证招得了优秀学生、培养得了优秀学徒、留得住优秀人才，保证项目可持续发展。在重庆财经职业学院金融类专业现代学徒制项目改革实践中，在校企建立合作关系前，专业会提前向学生发放调查问卷，了解学生对合作单位、学徒岗位的兴趣和意愿后再决定双方是否合作。

（3）要考虑金融机构的培训学徒能力

在现代学徒制下，企业将全程参与人才培养过程，这就要求企业需配备技能精湛数量充足的师傅带徒、建立系统全面规范的学徒岗位技能培训体系、制定专门的学徒管理与考核办法、提供足够学徒实习的工位数和岗位数。如果企业不具备上述条件，即使有再高的热情也难以将现代学徒制教学模式贯彻落实下去，学徒到了企业要么学不到知识与技能，要么沦为廉价劳动力，学徒的利益和教学质量难以得到保障，将对现代学徒制的声誉带来极为不好的影响。在西方国家，如德国、瑞士等，对于加入现代学徒制培训计划的企业有严格的资质审核制度，企业也以具备学徒制培训资质为荣。而我国目前在政府层面尚未制定相关企业资质标准，职业院校在自主确定合作企业时，为保障学徒的培养质量，必须将企业培养学徒的能力作为一项重点考量指标。

（4）要考虑企业的管理水平

在现代学徒制人才培养模式下，人才培养目标与定位是基础，管理制度和考核标准是保障，提高人才培养质量是目标。企业是否能够建立一套针对学徒的日常管理、培训管理、考核管理制度并有效实施，是否成立专门的机构或派遣专门人员对学徒招聘、培养、考核、录用全过程进行管理，将对现代学徒制项目质量产生重要的影响。此外，企业还要善于通过设立奖学金、评选优秀学徒、发放绩效奖励等多种方式激励学徒认真学习，通过评选优秀师傅、发放物质奖励、给予晋升优待等方式激励师傅认真带徒，从而营造良好的现代学徒制实施环境。高职院校若与自身管理水平欠缺、无法建立一套适应现代学徒制管理体系的企业合作，将可能导致后期教学运行面临许多突发状况和障碍。

（5）要考虑前期的合作基础

现代学徒制是校企深度合作、工学深度融合的人才培养模式，它打破了以往传统的学校教学本位制甚至两学期制，从学徒招聘到人才培养的各个环节企业均高度参与，企业在配备师傅、场地等系列教学资源的基础上还要支付学徒一定的薪酬，如此深入的合作模式必须建立在彼此相对熟悉、深度信任、沟通顺畅的基础上，而这一基础需要一定时间的培育才能得以建立。因此，在实施现代学徒制改革过程中，建议各金融类专业遴选前期具备良好合作基础的企业开展合作，更便于建立良好的双主体育人机制。

3. 现代学徒制合作企业遴选标准

现代学徒制作为一种校企双方均需投入大量人财物资源的人才培养模式，为保证项目具有较高投入产出比，确保项目可持续运行，重庆财经职业学院在金融类专业现代学徒制实践过程中，对合作企业的选择非常谨慎。在总结与借鉴本校与其他院校试点经验的基础上，形成了一套选择企业的标准。具体见表4-1。

表4-1　现代学徒制合作企业遴选评分表

一级指标	二级指标	指标分值
企业实力	企业规模	6
	人力需求	6
	岗位薪资	6
	社会声誉	4
	企业性质	3
	小计	**25**

表4-1(续)

一级指标	二级指标	指标分值
培训能力	培训体系	9
	培训师资	8
	培训资源	8
	小计	25
管理水平	管理制度	5
	管理模式	4
	企业文化	3
	实习生管理	3
	小计	15
合作基础	前期合作	5
	领导重视	5
	资源匹配	5
	小计	15
企业吸引力	学生意愿	10
	家长意愿	10
	小计	20
合计		100

"现代学徒制合作企业遴选评分表"由学院现代学徒制试点工作小组成员填制，其中，"企业吸引力"指标中的"学生意愿"和"家长意愿"两个二级指标分值根据发布的调查问卷数据汇总计算而得。根据愿意参加该企业现代学徒班的学生和家长人数比例，若该比例达到80%以上，可获满分；然后在此基础上人数比例每减少10%扣减1分。根据遴选评分表最终结果，对于得分在70分以下的企业，专业不予合作；得分在70~85分的企业，根据对方对现代学徒制模式的认识到位程度决定是否合作；对于得分85分以上的企业，专业将积极推进与其的合作。

二、校企合作模式的确立

在现代学徒制推进过程中，必须构建校企间良好的合作模式，充分发挥

金融类专业现代学徒制改革实践探索

企业培训功能的作用，推动合作企业主动承担人才培养责任，形成良好的互动机制，以实现学校教育资源与企业培训资源的融通共享，促进金融类专业人才培养质量的有效提升。在合作实践中，由于金融行业和专业的特殊性，照搬国外现代学徒制经验在实施上存在一定难度，可根据现实国情和学校实际采用多种创新性模式开展学徒制校企合作。

1. 传统"1+1"双主体协作模式

传统典型意义上的现代学徒制教育模式一般为"1个专业+1家企业"开展合作，面向固定岗位组建现代学徒班，按照教学计划共同培养学徒。这种依托单一企业开展现代学徒制的人才培养模式，优点在于学生都属于同一家企业的准员工，人才培养方案只需双方协商确定即可，学生管理、课程教学、考核评价均易于实施，因而教学质量较高，运行也更为顺畅。要采用这一模式，如前所述，要求学校要寻找到有稳定人力需求且年需求数量较多的企业，同时对企业的培训体系、管理水平等也有较高的要求，从高职学生能够就业且愿意就业的岗位来看，符合这一条件的金融机构和岗位并不多。以证券实务专业为例，由于证券公司人才需求与宏观经济运行状况高度相关，同时单家证券公司往往人才需求量有限，若针对单家证券公司组建仅有几个学生或十余个学生的学徒班，会造成教学运行成本过高，教学资源也存在一定浪费。因而此种模式虽教学质量较高，但对企业条件、教学投入等都提出了很高的要求。

2. 新型多元主体协作模式

由于传统"1+1"双主体协作模式的诸多限制，金融类专业在未寻找到合适的企业情况下，也可考虑采用"1+N""N+N"的模式，吸纳多元主体协作开展现代学徒制。

所谓"1+N"多元主体协作模式，是指1个专业与多家企业联合，共同组建现代学徒制教学班级，联合进行人才培养的模式。这种模式一般适用于单个企业人才需求数量较少、多家企业提供岗位相同的情况。在具体实施过程中，可以有多种方案。比如，可以学校与多家企业分别签订现代学徒制校企合作协议，各企业所招聘学徒共同放在一个班级进行教学，校内教学环节统一安排、企业教学环节学徒分散到各自所在企业参加学习。如果企业规模较小，缺乏系统的培训体系和培训师资，也可以参照德国"跨企业培训中心"模式，依托行业协会、职教集团、产业园区、校企联盟等联合多家公司组建跨企业培训中心，由跨企业培训中心根据企业需求承担企业培训任务。广东省教育厅 2020 年 4 月在发布的《关于开展 2020 年省高职教育现代学徒制试点申报工作的通知》（粤教职函〔2020〕11 号）中便明确提出：各高职院校可直接与合作意愿强烈、已有较好合作基础的企业开展试点，也可以依托行业协会、产业园区、职教集团、企业联盟等载体，设立"跨企业行业培训中心"，面向中小微企业协同开展试点。

所谓"N+N"多元主体协作模式，是指多个专业联合多个企业共同开展学徒制的模式。由于几乎金融类各个专业学生均可面向各类银行、信用社、保险公司、证券公司、基金机构、资产管理公司等金融机构就业，各专业之间就业方向差异较小，在职业教育大力推崇专业群建设的背景下，高职院校可探索以专业群为单位、建立与"个企业+多个企业"合作的现学徒制模式，与"1+N"模式相同的是，在具体实施过程中，可以由专业群分别与多家企业签订协议，共同对班级进行管理和教学；也可以依托行业协会等，通过成立"跨企业行业培训中心"的方式进行人才培养。

"1+N""N+N"的多元主体协作模式虽然能有效解决企业人力需求不足、缺乏系统培训体系等问题，使得采用现代学徒制方式进行人才培养的可能性增加，但由于班级学生面向不同企业甚至不同岗位，给教学运行、学生管理都增加了很大的难度，在我国当前现代学徒制配套政策尚不完善的情况下，有可能会导致学徒权益得不到有效保障，并进一步影响到人才培养质量。因而在采用此两类合作模式的过程中，双方合作协议、三方协议的条款内容应尽量详尽和完善。

目前，在教育部的前后三批现代学徒制试点院校中，金融类专业试点基本采用传统"1+1"双主体协作模式。在重庆财经职业学院金融学院，目前"1+1""1+N""N+N"三种模式均在施行。从目前施行效果来看，"1+1"模式下校、企、生三方沟通更为便捷，课程体系改革、教学变革相对更为深入，学生专业领域技能更强；"1+N""N+N"模式下由于企业来源更加多元，可有效整合银行、证券、保险等多类机构力量共同开展教学，学生综合思维能力更强，人才素质更具有复合性。

三、招生招工一体化的实施

现代学徒制"招生招工一体化"指在校企之间具备开展现代学徒制"招生招工一体化"软硬件条件并签订现代学徒制人才培养合作协议的基础上，经上级教育主管部门审核批准，校企联合开展的现代学徒制招生招工一体化人才培养工作。"招生招工一体化"要求校企共同制定和实施学校招生录取和企业招工一体化的方案，学生入校需与学校和企业共同签订明确"学校学生""企业学徒"双重身份的三方协议。

1. 金融类专业可采纳的现代学徒制招生招工模式

目前，我国金融类专业在现代学徒制改革中实现"招生招工一体化"的方式主要为先招生后招工、招生招工同步、先招工后招生三种模式。

（1）先招生后招工模式

先招生后招工模式是指学校事先依据自身招生方案和计划，按照正常程序完成学生录取。待新生进入学校学习后，学校与合作单位联合对学徒制项目进行宣传，让学生充分了解现代学徒制人才培养模式的特点、培养方式、学习评价机制、校企生三方的权利与义务等，并对合作金融企业的基本情况、学徒岗位、实习待遇、晋升通道等方面有清晰认知。有意愿加入学徒制计划的学生自主报名，报名结束后由学校和金融机构商议进行选拔，选拔通过的学徒将由学校和企业按照既定的人才培养方案共同进行培养。

先招生后招工模式的优点在于不变动院校原有招生模式和程序，学生到校后可以在与学校和金融机构充分沟通后，再决定是否加入现代学徒制班级，实施上相对更为便利。缺点在于企业虽参与学徒选拔，但选择范围有限，学生并不一定完全契合企业需要；同时学生的员工感相对后面两种模式要弱，企业后期提供的岗位、薪酬可能会与学生预想有差距从而导致学生退出。

（2）招生招工同步模式

招生招工同步模式是指高职院校和金融机构双方在签署现代学徒制校企合作协议的基础上，围绕金融机构合作方的人才需求数量和岗位，校企双方联合制定招生及招工工作方案，并按计划在学校招生环节同步招工。学生在填报志愿时会接收到推荐的现代学徒制项目信息，对招工的金融企业、岗位、待遇等信息都有详细说明，然后由考生自主决定是否参加学徒班。报名参加学徒班的学生将接受金融机构和学校的考核，考核通过的学生一进入职业院校后便兼具学校学生和企业学徒的双重身份。

招生招工同步模式的优点在于学校在招生时便可以将现代学徒制招生计划单列，对于进一步扩大学校生源有着积极的促进作用；同时学生在进入学校前就已经对学徒制项目有了充分的了解，对金融机构以及未来从事的职业具有很强的认同感与归属感，因而参与学徒制项目的积极性通常较高。应该说招生招工同步模式是最接近"招生招工一体化"政策要求的一种比较理想的模式，但目前，由于我国各地区招生政策不同，学校的自主权限也不同，真正能够实行招生招工同步模式的金融类专业还较少。

（3）先招工后招生模式

先招工后招生模式是在金融机构与学校签订联合培养人才协议基础上，金融机构先依据自身人力需求和用人标准完成员工招聘，与员工签订用工协议后，再把招聘到的员工送到学校进行专业培养，以达到增强员工综合素质和职业技能的目的。此种模式下的培养计划往往由金融机构主导制定，学校的培养过程主要依据双方协议和培养计划开展，通过相应考核后的学徒，可以获取高职院校颁发的大专学历并成为金融企业正式员工。

先招工后招生模式的优点在于赋予了金融机构完全的学徒选拔自主权，因而金融企业合作积极性更高，在人力、财力、物力上都更愿意投入大量资源与学校共同完成学徒培养计划。缺点是企业员工如何获取学生学籍，能否在公平公正的条件下顺利被高职院校录取，对招生制度提出了改革要求。在教育部的三批试点单位中，广东地区部分院校金融类专业便尝试与大型寿险公司就保险代理人队伍开设专门现代学徒班，并且取得了较好的效果。

2. 高职金融类专业有效实施招生招工一体化的措施

（1）校企联合制定完善的人才培养方案

现代学徒制下金融类专业学生既是在校学生又是金融机构学徒的特点，决定了校企联合招生招工机制的特殊性，并对学校招生工作提出了新的要求。要想做好招生工作，校企共同制定完善的人才培养方案是核心和关键。在人才培养方案中应明确人才培养的目标岗位和人才标准；明确采用先招生后招工、招生招工同步、先招工后招生三种方式中的何种方式；明确如何进行工学交替，落实学校和企业的教学安排和任务；明确考试和考核办法、技能考评及证书考取制度；明确师资水平、办学条件等保障措施。只有在明确了上述诸多要素并构建起完善的人才培养方案的基础上，招生招工的后续工作才能有据可依、有章可循。

（2）校企联合制定招生招工一体化工作方案

要顺利完成招生招工一体化工作，校企双方要以现代学徒制人才培养方案为指导，组建专门的招生招工一体化工作团队，明确学校和企业参与成员，针对选择的招生招工一体化方式制定工作方案。在方案中，要对招生招工人数、企业招工岗位及待遇、招考条件、选拔标准、学习要求等进行明确，对招生招工工作程序、具体实施流程以及校企双方的工作职责和义务做出规定。

（3）校企联合开展招生招工宣传

现代学徒制项目试点的成功与否，一定程度上受招生招工宣传工作质量的影响。如果招生招工宣传效果好，就能吸引到更多的学生加入报名，学校和企业可以选拔出更多优秀的学生（学徒）加入，为项目成功奠定良好的基础。同时，良好的招生招工宣传还能扩大学校和企业的社会影响力，为学校和企业带来良好的社会声誉。招生招工宣传过程中，校企之间要建立联动机制，共同制作宣传资料，将人才培养相关内容写入招生章程中，要积极通过QQ群、微信群、网络平台、地铁车站等现代宣传手段做好前期宣传，对于采用先招生后招工方式的应召开专题宣讲会，为学生系统全面地讲述学徒制项目，加深学生和家长对学徒制的认识。

（4）开展招生招工录取工作

对于先招生后招工、招生招工同步两种模式，校企双方都应共同商议确立学徒选拔方式、选拔程序、选拔条件和标准、选拔主体等。金融类行业除专业素质外，还要求员工具备较好的思维能力和综合素质，对抗压能力、沟通能力要求也较高，因此，在面试过程中要着重考察学生的语言表达、心理素质、反应能力、团队合作能力等。此外，责任意识、敬业精神、诚信品质等也应纳入考核范畴。

（5）校、企、生签订三方协议

在完成招生招工录取工作后，先招工后招生模式下的企业应直接跟学生签订劳动合同。先招生后招工、招生招工同步模式下企业能够签订劳动合同的则与学徒签订劳动合同，如果企业不愿签订劳动合同的，应组织签订校企生三方现代学徒制协议，企业应给学徒分配相应的师傅，并组织拜师仪式、签订师带徒协议。通过三方协议和师带徒协议的签订，明确学生的双重身份，明确学徒培养管理过程中学校、企业、学生的责、权、利，明确学徒在岗培养期间的报酬待遇和享受的福利制度以及需遵守的制度，明确企业为学徒购买相应保险、明确师带徒的职责等。对于不满 18 周岁的学生，应签订学校、企业、学生、家长四方协议。

第二节　标准篇

现代学徒制是德国、英国、澳大利亚、瑞士、美国等西方国家为培养高技能人才、缓解就业矛盾等而施行的一种教育模式。为更好地推动现代学徒制的发展，西方国家针对教学均制定了统一的培训框架、教学计划类规范性标准，用于指导各个地区现代学徒制项目的实施和运行。

2019 年 5 月，教育部办公厅发布《关于全面推进现代学徒制工作的通知》，要求各地明确全面推广现代学徒制的目标任务和工作举措，引导行业、企业和学校积极开展学徒培养。要落实好标准体系建设任务，按照专业设置与产业需求对接、课程内容与职业标准对接、教学过程与生产过程对接的要求，校企共同研制高水平的现代学徒制专业教学标准、课程标准、实训条件建设标准等相关标准，做好落地实施工作。在开展现代学徒制的专业率先实施"学历证书+若干职业技能等级证书"制度试点。

一、专业教学标准的开发与编制

专业教学标准是校企双方开展现代学徒制人才培养的基本文件，是专业人才培养目标、培养规格、培养模式、过程管理和资源保障等元素的总体设计，也是保证人才培养质量的重要制度文件。

在我国，目前对于高职院校非学徒制专业，国家层面均制定和发布了统一的专业教学标准作为专业教学基本指导文件；但对于开展现代学徒制改革的专业，由于发展时间相对较短，目前在政策、制度等层面尚未形成完善的机制，尚无一套基于国家一般专业教学标准和职业标准但又能贴合现代学徒制自身需求的统一的特有的标准体系。在省级层面，广东省教育研究院和广东现代学徒制工作指导委员会联合制定了《现代学徒制专业教学标准和课程标准开发指南》，为广东地区高职院校开展现代学徒制改革提供了文件指导。总体来看，目前我国尚未构建起国家、省、学校三级现代学徒制标准体系，因此，标准体系建设既是当前推进现代学徒制改革的重要内容，又是实施现代学徒制改革的一个难点和关键点。

1. 现代学徒制专业教学标准的开发与编制原则

（1）校企双元

"双主体"育人、工学交替是现代学徒制的核心特征，也是实现现代学徒制人才培养目标的重要保障。学校和金融机构双方共同培养金融人才，专业教学标准就必须是校企双主体共同参与、共同研发。教学场地既有学校又有企业，课程体系既有校内课程又有企业课程，教师团队既有校内导师又有企业师傅，这一系列教学组织和安排都必须邀请相关行业、企业专家参与，只有通过校企双方共同协商确定自身的教学任务，才能确保现代学徒制人才培养项目的顺利实施。

（2）协同一致

专业教学标准的研制是系统工程，参与研制的校企领导、部门、人员应该职责清晰，协同完成相关工作。校企双方在组织、人力、环境等方面要给予充分保障，校企高层统筹全局，校企中层及基层校企现代学徒制项目组负责具体实施。专业教学标准研制的目标、过程、成果等必须达成一致。

（3）岗位对接

不管是哪个国家推行的现代学徒制模式，人才培养高度对接企业工作岗位都是其核心要义和教育特征。因此，在我国现行教学制度框架体系下，现代学徒制专业教学标准开发必须围绕"岗位"这一核心要素，一是要将国家职业资格标准和对应职业岗位能力与素养要求充分融入进来，二是要充分考虑学徒制企业的岗位实际需求和岗位标准。

（4）能力核心

现代学徒制班级学生兼具"在校学生"和"企业员工"双重身份，"在岗培养、岗位成才"是其遵循的核心培养理念，因此在专业教学标准制定过程中必须坚持以能力培养为核心，对培养面向岗位的典型工作任务和所需职业能力进行系统分析，注重融入教育部"1+X"证书的要求和标准，对学生（学徒）的核心能力进行培养。同时在人才培养规格上要注重学生的可持续发展能力和创新能力培养，既要保证学徒毕业即可上岗，又要关注其后续职业生涯发展。

2. 专业教学标准的编制路径

（1）组建专业教学标准校企联合研制组

在重庆财经职业学院金融类专业现代学徒制教学标准的开发和编制过程中，在二级学院层面成立了现代学徒制试点改革工作委员会，委员会由校企双方企业负责人、企业人力资源负责人和学徒制项目执行负责人、二级学院领导和项目执行负责人组成。现代学徒制试点改革工作委员会根据试点专业需求邀请部分学校教育专家、企业专家及技术骨干（含学徒制企业和非学徒制企业），组建起现代学徒制专业教学标准校企联合研制组，共同对专业教学标准进行开发和研制。

（2）确定人才培养目标和规格

专业教学标准校企联合研制组通过文献研究、问卷调研、访谈考察等多种方式，对专业面临的人才需求状况进行系统调查和统计分析，从而确立学徒的目标岗位以及5~8年内的发展性岗位，对岗位工作任务进行列举分析，归纳总结出典型工作任务及核心职业能力和素质。以此确定专业的人才培养目标和规格，确立所需培养学生的专业知识、职业能力、综合素质要求。在此要指出的是，在人才培养目标和规格的确定过程中，标准研制组将学徒制企业对学生的要求作为重要参考依据，注重倾听企业的要求和诉求。

（3）构建基于学习领域的课程体系

课程体系的构建是专业教学标准建设的重中之重。在重庆财经职业学院金融类专业现代学徒制专业课程体系的确立过程中，标准研制组成员汇集了教育专家、专业带头人、企业实践专家等多名成员，采用团队现场研讨、头脑风暴等多种方式，一一梳理了专业所面向学徒岗位和拓展岗位的典型工作任务、核心职业能力，并将其转化为相应的学习领域课程，结合岗位基础素养、专门素养以及职业精神等要求，形成高度对接企业岗位和标准的课程体系，充分体现了校企双主体育人特点。

（4）确立教学条件保障

教学条件保障是指对现代学徒制的教学组织方式、师资配置、教学资源、教学方法与手段、考核与评价等软硬件要求制订标准。在现代学徒制人才培养模式下，相较传统教学模式，其主要变革在于采用"师带徒"式教学组织形式，对师傅的学历、技能水平、工作经验等应做出要求，同时要求师傅必须具备较强的责任心和带徒意愿，才能够良好地指导学徒完成实践操作。考核与评价上也可以吸收西方国家考核体系设计，侧重工作能力考核、现场操作考核。

从具体实施来看，专业教学标准的编制路径可遵循如图4-1所示的逻辑路径。

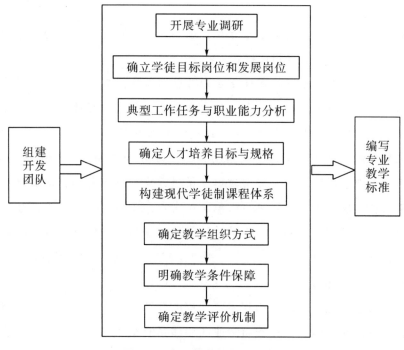

图4-1　专业教学标准编制路径

3. 金融类专业现代学徒制教学标准的内容

（1）专业基本信息

此部分主要包含专业名称、代码、学制、招生方式、学习年限等。学徒制的招收对象既可以是高中毕业同等学力学生，也可以是企业招工人员。根据不同招生招工方式和对象，学习年限可能有 2 年或 3 年。

（2）专业职业领域（就业领域）与职业能力分析

此部分根据校企双方共同确立的学徒职业生涯发展路径，确定学徒职业面向、可从事的初始岗位以及发展性岗位、岗位典型工作任务及职业能力要求。学徒职业岗位设计不只是关注学徒初始就业岗位需求，还考虑到了学徒未来 5~8 年的职业生涯发展，将其未来 5~8 年可能从事的岗位所需职业能力和素质均纳入人才培养计划。

（3）人才培养目标与规格

此部分根据教育部关于职业院校专业人才培养方案制订与实施工作的指导意见，在坚持国家教育方针的前提下，明确人才培养的总体目标和具体规格。

如重庆财经职业学院金融服务与管理专业与某财产保险公司共建的学徒班人才培养方案中，总体目标确定为：

以习近平新时代中国特色社会主义思想为指导，本专业与××公司重庆分公司联合培养理想信念坚定，德、智、体、美、劳全面发展，具有一定的科学文化水平，良好的人文素养、职业道德和创新意识，精益求精的工匠精神，较强的就业能力和可持续发展的能力；适应地方经济和金融行业发展需要，具有产品营销、财险查勘定损与理赔、渠道开发与管理能力，掌握财险类机构一线业务处理与服务营销等知识和技术技能，服务于××公司重庆分公司服务专员、理赔助理、查勘定损专员、渠道经理等岗位，能够从事保险客户服务、财产险出单、财产险查勘定损、财产险理赔的高素质技术技能人才。

（4）课程体系设计

此部分主要包含课程结构和主要课程的介绍和说明。在现代学徒制人才培养模式下，课程体系相较普通专业课程体系有很大的变革。这种变革主要体现在：课程内容职业化、教学主体双元化、课程考核实操化。相较于普通专业教学标准，现代学徒制专业课程结构不必囿于专业基础课、专业核心课、专业选修课的架构设计，可围绕课程的职业性特征、教学组织和实施特征等进行分类，以便更清晰直观地展示现代学徒制教学安排和特色。在主要课程的介绍和说明中，应对课程的教学内容、教学时数与学分、教学场所、双导师教学团队、教学方式和手段、考核方式等进行明确，为后续课程标准的制订提供参考和指导。

（5）教学组织安排

此部分主要包含课程教学安排表、教学活动进程表、分类课程学时学分统计表等。课程教学安排表是专业教学标准的核心内容，是人才培养计划的具体细致安排。此部分内容应对校企双方如何开展工学交替、各学年授课计划和企业实践教学安排、校企双方各自承担的教学任务与职责等做出明确规定。

（6）专业办学基本条件和教学要求

专业办学基本条件可由学校条件、企业条件和教学资源条件三部分组成。其中，学校条件主要包括校内导师要求、校内教学场所要求；企业条件主要包括企业导师要求、企业教学场所要求；教学资源条件主要包括校企双方开展现代学徒制人才培养所需的图书资源、信息化教学资源等。专业教学要求主要从教学方法与手段、教学评价、教学质量监控这几个方面订立标准，在各个要素上都要体现双元主体培养的模式。

（7）毕业条件与职业证书

此部分对学生毕业所需修满学分数、考取的职业资格证书以及校企共同确立的其他条件等做出说明，可尝试与行业和企业共同开发岗位技能认证证书，实现学生"学历证书+学徒技能证书"双证书毕业。

二、课程标准的开发与编制

课程标准是课程组织与实施的纲领性文件，对课程性质、课程目标、内容目标、实施建议等具有指导性作用，同时也是教师教学和学生学习的指导性文件。课程标准的开发与编制，是现代学徒制标准体系建设过程中的一项极其重要的任务。

1. 课程标准开发编制原则

（1）团队"多元性"

现代学徒制是学校和企业、学生和师傅、学校教师和企业骨干专家、教室和岗位、模拟实训和实战操作等一系列校企元素深度融合共育人才的模式，课程标准的开发编制必须由校企双方团队成员共同完成，并邀请行业企业专家对其进行充分论证。尤其是在金融行业，岗位工作保密程度高，校内教师通常难以进入金融机构开展岗位实践，导致教师对具体岗位工作内容、工作标准缺乏了解，因而必须依靠企业人员力量共同进行开发。

（2）内容"职业性"

"定岗培养、实岗育人"是现代学徒制人才培养的重要内涵，课程教学内容对接职业标准、岗位标准是现代学徒制教学的基本要求。所以，在课程标准制订过程中，必须在明确课程对应的岗位工作标准的基础上，根据专业面向学徒岗位的工作项目、工作任务，明晰职业能力和素养要求，规范课程的教学目标，合理选取教学内容，实施校企联合教学改革，围绕"岗位职业能力和素养"构建考核体系。

（3）程序规范性

课程标准的制订，可遵循"岗位分析—典型工作任务分析—标准制定—定期更新"的步骤进行。第一，对应专业现代学徒制人才培养方案，明确课程面向的学徒职业岗位。第二，在充分调研的基础上，邀请企业专家共同分析论证岗位典型工作任务，总结典型工作场景，形成岗位工作和考核标准。第三，根据岗位标准确立教学内容等形成课程标准。依据岗位标准，校企"双导师"团队梳理总结典型工作任务所需的知识点、技能点，并将其转化为课程教学内容，并构建对应的考核方案。第四，根据行业职业变化和实际教学情况定期调整更新课程标准，定期组织"双导师"团队开展课程研讨会，对教学中的问题进行总结研讨，促进标准不断完善。

2. 课程标准具体内容

（1）课程定位

此部分应对课程在专业现代学徒制人才培养体系中的地位、作用进行阐述，明确课程性质。课程是专业人才培养最重要的载体，在金融类专业现代学徒制课程标准的开发编写过程中，必须依据专业教学标准、人才培养方案、职业资格标准、岗位标准等教学指导文件，厘清本门课程在学徒制人才培养体系中的地位、作用与任务，明晰本门课程与专业其他课程之间的关系、与学徒岗位之间的关系。

（2）课程设计理念与思路

此部分主要阐述校企工作团队关于本门课程教学整体设计遵循的思路和原则，阐明在教学内容的选取、教学模式的选择、考核机制的设计上双元教学团队共同商议后的教学方案，既要体现高等职业教育最新理念，还要体现现代学徒制人才培养模式的内涵。

（3）课程教学目标

首先应确立课程的总体目标。可根据课程对应的学徒岗位，按照"岗位工作领域—工作任务—职业能力"的路径确立职业能力要求，并以此作为总体目标。在总体目标的基础上，将目标进一步拆分为知识目标、能力目标、素质目标三个部分，以此指导课程教师的教与学生（学徒）的学。

（4）课程教学内容设计

在校企共同制定学徒制岗位及发展岗位标准的基础上，根据课程对应岗位的岗位标准和职业能力、技能水平要求，校企双元开发团队共同确立基于工作任务导向的教学模块、具体教学内容、实训/实践任务、教学时数等，并对校内教学和校外教学的任务进行明确。

（5）教学实施与评价

这部分可包含教学资源保障、教学方法建议、考核评价体系等，其中教学资源保障应包含双导师教师团队、教学场地及设备、教材、数字化教学资源以及其他必要资源。企业导师的资质、学历、教学能力等要求以及企业教学场地及设备的要求必须在课程标准中予以明确。考核评价体系设计上应注重同岗位职业能力要求相匹配，同时结合金融类专业特征，在思想道德素质、心理健康教育等方面也给予关注。考核方式上应注重采用现场考核、情景考核、任务考核等方式。另外，还可以在标准中对学生的学习方法、学习态度提出要求。

3．课程标准的执行与管理

课程标准作为现代学徒制课程教学的基本指导文件，校企双主体在实施时必须严格按照标准要求执行。试点工作团队或课程负责人必须认真按照课程标准要求，选取合适教材或组织双导师团队编写教材，开发课程教学资源，对标实施教学与教学评价。

应组织校企双导师教学团队认真学习课程标准文件，使其充分理解课程的教学安排和要求，建立平台增进双导师团队的沟通和交流，以便更好地配合开展现代学徒制下的教学改革，真正为企业培养合适人才。

应组建相关机构组织对课程标准执行情况进行跟踪检查，将课程标准执行情况纳入校企双导师教学检查的内容，并纳入考核体系。

参考样本 1：专业教学标准

下面为重庆财经职业学院某学徒制专业教学标准：

×××专业现代学徒制教学标准

（重庆财经职业学院　　×××公司）

（适用年级：2020 级　　制定时间：2020 年 3 月）

一、专业名称与代码

（一）专业名称：×××

（二）专业代码：×××

二、学制与招生

（一）学制：基本学习年限为 3 年。

（二）招生对象：普通高中毕业生，对口高职毕业生。

（三）招生招工方式：先招生后招工。

三、基本修业年限

三年。

四、职业领域（就业领域）与职业能力分析

（一）职业面向（见表1）

表 1　职业面向

所属专业大类（代码）	所属专业类（代码）	对应行业（代码）	主要职业类别（代码）	主要岗位类别（或技术领域）	职业资格证书或技能等级证书举例
财经商贸大类（63）	金融类（6302）	货币金融服务（66）保险业（68）	2-07-02-02 保险推销员 2-07-02-03 保险理赔员 2-07-02-99 其他保险业务人员	1. 销售服务岗 2. 理赔岗 3. 查勘定损岗 4. 业务管理岗	保险经纪人从业资格证书、助理理财规划师证书

（二）可从事的基础岗位、发展岗位及相应职责（见表2）

表2　可从事的基础岗位、发展岗位及相应职责

基础岗位	岗位职责	发展岗位	岗位职责
服务专员	专业（或综合）渠道服务与维护人员，根据需要完成所服务团队及维护渠道的咨询、报价、出单、续保、理赔跟踪、渠道服务等销售和支持工作	客户服务经理	销售推动和促进：积极开拓准客户，建立积累有效的忠诚客户群；协助公司进行理赔、给付、保单变更等服务活动
理赔助理	完成所有上门客户递交资料的整理上传，资料的存档及查询，客户查询案件的解释及转接	核价核损主管/理赔经理	负责监督分公司理赔部的核价核损管理/全面负责理赔人、财、物的管理，落实理赔政策，保证理赔有序进行并达成各项指标，跟踪大案处理，提升理赔服务，并帮助拓展业务
查勘定损专员	负责车险的定损，零配件报价，准备专业的车险定损单，对车险及简单的非车险案件现场查勘，在办公室进行照片定损，并在理赔授权权限授权内确定定损金额；实施工时费标准（CRASH BOOK）的基础定损；准备专业的车险定损单；车险及简单的非车险案件现场查勘；上传定损照片和现场查勘；理赔授权权限内授权定损；负责分配理赔车及配套设备；监督初级查勘员的查勘工作；遵循实施理赔手册及理赔流程	核价核损主管/理赔经理	负责监督分公司理赔部的核损、核价管理；与分公司总经理进行分公司员工绩效管理；与业务部门对客户服务进行改善；与风险控制部门协作，制定内部控制措施降低风险；与IT部门协作措施，以提高操作效率
渠道经理	销售推动和促进：积极开拓准客户，建立积累有效的忠诚客户群；协助公司进行理赔、给付、保单变更等服务活动	销售部门经理/销售推动部经理	部门经营管理的负责人和责任人，负责对应组织的业务发展规划、销售管理和各类人员的统筹管理/负责分公司销售渠道及销售部门人员管理工作

表 3　典型工作任务及工作过程

序号	主要岗位	典型工作任务及工作过程	职业素质和核心能力	课程	主要实践项目
1	服务专员	1. 专业（或综合）渠道服务与维护 2. 配合团队完成销售工作	1. 话术邀约能力 2. 意向客户管理能力 3. 跟单（处理异议）能力 4. 保险产品规划能力 5. 人际沟通协调能力	经济学基础 保险学基础 金融概论 金融标准化服务礼仪 家庭理财规划 保险客户服务 保险法规 财产险产品营销 财产险出单业务	金融标准化服务礼仪 客户沟通与回访 财产险出单 财产险产品营销
2	理赔助理	1. 收集整理客户资料 2. 客户异议处理 3. 客户资料的转接 4. 理赔缮制	1. 人际沟通能力 2. 客户维护能力 3. 理赔服务能力 4. 财产保险的认知、分析、解读能力	金融标准化服务礼仪 保险学基础 财产险理赔业务 岗前基础培训 保险法规	财产险理赔实操 金融标准化服务礼仪
3	查勘定损专员	1. 财产险理赔案件的理赔查勘定损 2. 分配理赔车及配套设备 3. 监督初级查勘员的查勘工作	1. 数据分析能力 2. 处理异议能力 3. 沟通协调能力 4. 材料整理能力 5. 查勘定损能力	保险学基础 岗前基础培训 财产险查勘定损业务 保险法规	现场查勘定损 照片定损 客户引导
4	渠道经理	1. 维护已有渠道业务 2. 开发新销售渠道 3. 开发和维护新客户	1. 话术邀约能力 2. 意向客户管理能力 3. 面谈成交能力 4. 跟单（处理异议）能力 5. 保险产品规划能力	经济学基础 财产险产品营销保险法规 家庭综合理财规划 金融经理人成功之路 金融客户关系管理	渠道维护 渠道开发

表3(续)

序号	主要岗位	典型工作任务及工作过程	职业素质和核心能力	课程	主要实践项目
5	客户服务经理	1. 销售推动和促进 2. 开发新客户 3. 协助公司进行理赔、给付等工作	1. 客户关系管理维护能力 2. 协调能力 3. 销售能力 4. 保险产品规划能力	保险学基础 财产险产品营销 金融标准化服务礼仪 家庭理财规划 财产险理赔业务 金融客户关系管理	团队管理 客户开发 财产险产品营销
6	核价核损主管	1. 监督分公司理赔部的核价核损管理 2. 对分公司员工进行绩效管理	1. 监督管理能力 2. 风险管控能力 3. 人际交往能力	财产险理赔业务 保险学基础 机动车辆构造与维修 财产险查勘定损业务 保险客户服务 金融客户关系管理	财产险查勘定损 保险客户服务实操 金融标准化服务礼仪
7	理赔经理	1. 管理理赔部的人、财、物 2. 业务拓展 3. 大案件的跟踪处理	1. 协调能力 2. 处理异议能力 3. 管理能力	财产险理赔业务 保险学基础 岗前基础培训 金融客户关系管理保险法规	财产险理赔实操 金融标准化服务礼仪
8	销售部门经理/销售推动部经理	1. 管理销售部门 2. 管理销售渠道 3. 配合其他部门开展工作	1. 管理能力 2. 营销能力 3. 协调沟通能力	保险学基础 财产险出单业务 财产险产品营销 保险客户服务 金融客户关系管理	财产险出单 财产险产品营销 保险客户服务实操

五、培养目标

以习近平新时代中国特色社会主义思想为指导，本专业与××公司重庆分公司联合培养理想信念坚定，德、智、体、美、劳全面发展，具有一定的科学文化水平，良好的人文素养、职业道德和创新意识，精益求精的工匠精神，较强的就业能力和可持续发展的能力；适应地方经济和金融行业发展需要，具有产品营销、财险查勘定损与理赔、渠道开发与管理能力，掌握各金融机构一线业务处理与服务营销等知识和技术技能，服务于××公司重庆分公司服务专员、理赔助理、查勘定损专员、渠道经理等岗位，能够从事保险客户服务、财产险出单、财产险查勘定损、财产险理赔的高素质技术技能人才。

六、人才培养规格

（一）知识、能力、素质要求

1. 素质要求

（1）思想道德素质：坚决拥护中国共产党领导，树立中国特色社会主义共同理想，践行社会主义核心价值观，具有深厚的爱国情感、国家认同感、中华民族自豪感；树立正确的世界观、人生观、价值观；崇尚宪法、遵守法律、遵规守纪；具有社会责任感和参与意识。

（2）科学文化素质：具有较高的文化素养，较强的文字写作、语言表达能力，健康的业余爱好，掌握社会科学基本理论、知识和技能，有较强的逻辑思维能力。

（3）身心素质：树立科学的强身健体和终身锻炼的意识，掌握基本的体育锻炼技能。具有自尊、自爱、自律、自强的优良品质；较强适应环境的心理调适能力；具有不畏艰难、不屈挫折、坚忍不拔、百折不挠的毅力和豁达开朗的乐观主义精神；

（4）职业素质：具有良好的职业道德和职业素养；崇德向善、诚实守信、爱岗敬业，具有精益求精的工匠精神；热爱金融行业，具备正确的职业观、财富观；具有较强的集体意识和团队合作精神，能够进行有效的人际沟通和协作，与社会、自然和谐共处；具备较强的抗压能力、沟通能力；正直诚信、客观公正、勤勉谨慎、专业尽责、严守秘密。

2. 知识要求

（1）公共基础知识：掌握马克思主义、毛泽东思想和中国特色社会主义理论体系的基本知识；掌握社会主义法律基础知识；具有一定的自然科学和人文社会科学知识；具备英语和现代信息技术等基本知识；掌握一定的体育和军事基本知识；了解心理学基本知识。

（2）专业知识：掌握经济金融等方面的基础知识；熟悉股票、债券、证券投资基金等金融工具；熟悉家庭综合理财的各大模块；掌握保险基础知识，熟悉保险产品；熟悉保险法规；掌握保险客户服务专业知识；掌握财产险查勘、定损专业知识；掌握保险理赔的流程；掌握保险产品营销方法与技巧。

3．能力要求

（1）基本能力

具备较强的学习能力，良好的人际沟通能力、协调能力、逻辑思维能力，分析和解决问题的能力；

具有团队合作精神；

能熟练操作办公软件与各类财务计算工具；

具备良好的应变能力和承压能力。

（2）专业能力

具有财产保险的认知、分析、解读能力；

具有家庭、企业财产保险规划、设计能力；

具有财产保险等金融产品营销方案的认知、分析、设计编制能力；

具有财产保险等金融产品营销方案的实施、管理和创新发展能力；

具有财产保险等金融产品营销的客户开发、售后服务、客户管理能力；

具有财产保险产品承保、核保与理赔服务能力；

具有居民家庭资产综合配置的分析、规划和实施能力；

具有金融职业规划、营销创新和业务拓展的创业能力；

具有培训、团队管理和区域业务拓展的能力。

（二）毕业条件

（1）学生按照人才培养方案要求修完规定的课程，考核合格，达到毕业最低需要的 169 学分。其中，公共选修课不低于 10 学分，专业选修课学分不低于 8 学分。同时，按照用工合同要求，接受企业业绩考核，并完成企业相应的业绩要求。

（2）考取至少一个专业相关职业技能证书或职业从业资格证书。

（3）至少参加一次专业相关技能竞赛。

七、培养模式

人才培养对接××财产保险公司运行与人才选聘机制，以四类岗位职业能力培养为核心，以职业成长发展规律为主线，按照"岗位初识—岗位轮训—岗位实战—岗位分流"四阶段培养路径，依托校内模拟企业"智承伟业理财公司"+创业基地"金融服务工作室"为轨道一,校外学徒制合作企业+辅助企业为轨道二,两条轨道组织教学与岗位实践,通过校企"共定标准、共建课程、共培师资、共享资源、共同考核",学校和企业分别对终期考核合格学生(学徒)颁发"学历证书""学徒合格证书"。"四阶双轨"现代学徒制人才培养路径具体见图1。

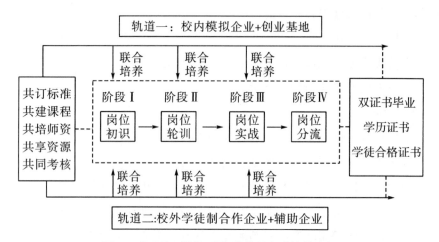

图1 "四阶双轨"现代学徒制人才培养路径

岗位初识阶段(大一):培养目标为"知岗位、固基础、有素养",重点构建学生对学徒制单位、工作岗位、未来晋升发展等方面的认知,使学生掌握金融从业者所需具备的基础知识,使其具备未来成为目标岗位人员所需的基本素质和素养。此阶段学校的主要任务为开设公共课及金融基础理论课程,组织开展第二课堂第三课堂活动提升学生基本素质;企业主要任务为派遣导师到学校讲授课程,派遣师傅带领学徒参加第二第三课堂活动以及组织开展职场体验认知活动。

岗位轮训阶段(大二):培养目标为"强技能、多岗学、有目标",通过多个岗位进行轮岗训练,重点培养学生的单项岗位技能,为学徒后期进行职业生涯规划、确立职业发展方向并开展定向岗位实践奠定基础。此阶段采用"3+2"学习模式,3天在学校学习、2天在企业学习。课程分为校内课程、校企联合授课课程和企业课程三类,前两类课程主要在校内开展教学,第三类课程在企业学习。

岗位实战阶段(大三):培养目标为"善实操、能抗压、有规划",学生

（学徒）以员工身份在师傅指导下从事独立业务工作，开始岗位实战并接受企业考核，岗位实战成绩将作为企业对学徒进行等级评定及岗位分流推荐的重要依据。此阶段学生（学徒）全程在企业工作（学习），学校根据实际情况派遣 1~2 名校内指导教师到企业讲授部分理论课程、指导学徒实践、协助企业进行管理考核。通过企业岗位实战考核的学徒将获得企业颁发的"学徒合格证书"。

岗位分流阶段（毕业）：企业根据学生（学徒）在学徒期间表现，结合学徒个人职业意愿及自身条件，最终确定学徒签约工作岗位，并初步确立后续职业发展与晋升方向。

八、课程设计

（一）课程结构

根据人才培养目标和培养规格，本专业开设了基本素质和职业能力两类课程。

1. 基本素质课程（公共课）

本类课程为高职各专业学生必须学习的基础课程，目的是培养学生的思想政治素质、人文和科学素质、身心素质。

2. 职业能力课程（专业课）

本类课程是为本专业学生开设的，目的是培养学生的职业能力。该类课程包括职业通用能力课程、职业专门能力课程、职业认知规划课程、职业拓展提升课程。课程设置和课程内容选择以工作岗位的职业能力的实际需求为基本依据。××专业职业能力课程结构见表4。

职业通用能力课程：学习专业基础知识和专业基本技能的课程。

职业专门能力课程：直接对应岗位工作任务和职业能力的需求，是形成本专业特有的核心能力的关键课程。

职业认知规划课程：建立行业、企业、岗位认知，辅助学生做好职业生涯规划的课程。

职业拓展提升课程：拓展与提升职业专门能力和综合能力的课程。

表4 ××专业职业能力课程结构

课程性质与类别		课程名称
专业必修课	职业通用能力课程	金融概论、经济学基础、证券市场基础、保险学基础、基础会计、保险法规、金融产品营销、金融标准化服务礼仪
	职业专门能力课程	企业课程包（保险客户服务、财产险查勘定损业务、财产险出单业务、财产险产品营销实战、财产险理赔业务、定向岗位业务技能提升训练、定岗实践） 学校课程包（家庭综合理财规划、证券投资实务、证券投资基金） 校企联合授课课程包（商业银行经营管理）
专业选修课	职业认知规划课程	职业认知教育、金融经理人成功之路、金融职业生涯规划
	职业拓展提升课程	金融客户关系管理、互联网金融模式分析、证券投资基金

（二）专业主要课程及说明

1. 财产险产品营销（见表5）

表5 财产险产品营销

课程名称	财产险产品营销 （2学分，总课时32，理论课时8，实践课时24学时）
课程教学内容	客户拓展、保险产品销售、电话营销实战、线下营销实战、网络营销实战
课程教学目标	能够掌握保险客户开发与关系维护的技巧与方法；能够开展保险市场调研；能够分析和设计保险产品的营销模式、销售方案、广告方式；能够策划组织保险产品营销活动；能够在企业师傅指导下开展保险产品电话营销、线下营销、网络营销实战，有效拓展客户
教学模式	项目培训+跟岗学习+岗位实战
教学场所	企业
教学团队	企业培训师+企业师傅
考核方式	实战项目考核

2. 保险客户服务（见表6）

表6　保险客户服务

课程名称	保险客户服务 （3学分，总课时48，理论课时12，实践课时36学时）
课程教学内容	客户沟通技巧；财产保险的出单流程和理赔流程
课程教学目标	掌握客户沟通技巧；掌握财产保险的出单流程和理赔流程；能够独立完成客户沟通工作，清晰记录客户需求，独立解答客户问题并指引客户完成后续流程
教学模式	项目培训+跟岗学习+岗位实战
教学场所	企业
教学团队	企业培训师+企业师傅
考核方式	实战项目考核

3. 财产险出单业务（见表7）

表7　财产险出单业务

课程名称	财产险出单业务 （3学分，总课时48，理论课时16，实践课时32学时）
课程教学内容	车险及非车险报价、出单、批改、退保的流程
课程教学目标	掌握车险及非车险报价、出单、批改、退保全流程；3分钟内能独立完成单个车险报价；15分钟内能独立完成单个非车险报价
教学模式	项目培训+跟岗学习+岗位实战
教学场所	企业
教学团队	企业培训师+企业师傅
考核方式	实战项目考核

4. 财产险查勘定损业务（见表8）

表8　财产险查勘定损业务

课程名称	财产险查勘定损业务 （3.5学分，总课时56，理论课时16，实践课时40学时）
课程教学 内容	现场查勘；照片定损；车险定损单；理赔流程
课程教学 目标	掌握现场查勘流程；熟悉照片定损原则；能解读车险定损单；能独立完成客户引导工作，顺利指导客户完成现场照相及后续理赔工作；赴现场独立完成查勘工作，顺利完成现场查勘定损工作
教学模式	项目培训+跟岗学习+岗位实战
教学场所	企业
教学团队	企业培训师+企业师傅
考核方式	实战项目考核

5. 财产险理赔业务（见表9）

表9　财产险理赔业务

课程名称	财产险理赔业务 （4学分，总课时72，理论课时24，实践课时48学时）
课程教学 内容	财产保险理赔原理；机动车辆保险理赔；非机动车辆保险理赔
课程教学 目标	掌握财产保险理赔原理；熟悉财产保险理赔流程；能独立完成理赔资料收集工作；能独立完成理赔缮制工作
教学模式	项目培训+跟岗学习+岗位实战
教学场所	企业
教学团队	企业培训师+企业师傅
考核方式	模拟任务考核+实战项目考核

6. 家庭综合理财规划（见表10）

表10 家庭综合理财规划

课程名称	家庭综合理财规划 （4学分，总课时72，理论课时36，实践课时36学时）
课程教学内容	家庭消费信贷规划、家庭保险规划、家庭住房规划、家庭投资规划、家庭教育规划、家庭退休规划、家庭财产分配与遗产规划、家庭综合理财规划
课程教学目标	能够采用正确的理财观管理个人的财富，形成良好的理财习惯；能够在充分调查客户的基础上，分析客户的理财需求，帮助客户购买适合他们的理财产品、帮助他们制定单项个人理财规划和综合理财规划方案
教学模式	项目学习
教学场所	学校
教学团队	学校教学团队
考核方式	项目考核

九、教学进程安排表

（一）课程教学安排表

1. 大一学年"岗位认知"阶段课程教学安排（见表11—表12）

表11 "岗位认知"阶段公共课程教学安排

课程类别	序号	课程名称	学分	考核方式	总学时	教学时数		各学期周教学学时分配					
						校内理论	校内实践	1	2	3	4	5	6
公共基础课	1	思想道德修养与法律基础	3	查	48	36	12	2/4					
	2	毛泽东思想和中国特色社会主义理论体系概论	4	试	64	48	16		4				
	3	应用写作	2	试	32	32		2					
	4	中华优秀传统文化	2	查	32	32			2				
	5	高等数学	4	试	64	64		4	(4)				
	6	英语	7	试	112	56	56	4	4				
	7	现代信息技术	6	试	96	48	48	4	2				
	8	体育	6	试查	108		108	2	2	2	2		
	9	心理健康教育	2	查	32	16	16	2	2				
	10	创新与创业	2	查	32	16	16	2	2	2			
	11	军事理论	2	查	32	32		2					
	12	形势与政策	3	查	48	1~5学期，根据上级要求安排，第6学期自学，考查							
	13	就业指导	1	查	16	2~5学期，专题讲座或主题活动，考查							
	14	安全教育	1	查	16	2~5学期，专题讲座或主题活动，考查							
		小计	45	—	732	460	272	22/24	20	4	2		

表 12 "岗位认知"阶段专业课程教学安排

课程类别	序号	课程名称	学分	总学时	教师团队	教学场所	考核方式	校企各自承担教学时数				各学期周教学学时分配						备注
								学校理论	学校实践	企业理论	企业实践	1周	2周	3周	4周	5周	6周	
职业通用能力课	1	经济学基础	4	60	A	学校	理论	40	20			4×15						
	2	金融概论	4	60	A+C	学校	理论	40	20			4×15						企业参与
	3	证券市场基础※	4	64	A+C	学校	理论	36	22	4	2		4×16					企业参与
	4	基础会计	4	64	A	学校	理论	40	24				4×16					
	5	金融标准化服务礼仪	2	40	A+D	校+企	实操		8		32		20×2					2天在校，8天在企
		小计	18	288	—	—	—	156	92	4	34	8	8					
职业认知规划课	1	职业认知教育	1	20	A+B	校+企	任务考核	4	4	4	12	20×1	12×1					1天在校，3天在企
		小计	1	20	—	—	—	4	4	4	12	20×1	12×1					
职业拓展提升课	1	互联网金融模式分析	2	32	A	学校	任务	22	10						2×16			
		小计	2	32	—	—	—	22	10				2					
		合计	21	340				182	106	4	46	8	10					

注：

1. 教师团队项目中，A 表示校内教师，B 表示企业大师（分支机构总经理及以上职务人员），C 表示企业讲师，D 表示企业师傅。

2. 标注※的课程为专业"课程思政"改革示范课程。

3. 企业师傅带徒实践按 4 学时/天计。

2. 大二学年"岗位轮训"阶段专业课教学安排（见表13）

表13 "岗位轮训"阶段专业课教学安排

课程类别	序号	课程名称	学分	总学时	教师团队	教学场所	考核方式	校企各自承担教学时数				各学期周教学学时分配						备注
								学校理论	学校实践	企业理论	企业实践	1周	2周	3周	4周	5周	6周	
职业通用能力课	1	保险学基础※	4	72	A+C	学校	理论	24	12					4×18				
	2	保险法规	0.5	8	C+D	企业	理论			8				8×1				
	3	金融产品与服务营销	4	72	A+C	学校	理论	24	12	8					4×18			
		小计	8.5	152				24	12	8								
职业专门能力课	1	商业银行经营管理	4	72	A+C	校+企	理论+实操	18	18	6	30			4×18				建行参与
	2	保险客户服务	3	48	C+D	校+企	实操			12	36			8×6				
	3	财产险查勘定损业务	3.5	56	C+D	校+企	实操			16	40				8×7			
	4	财产险出单业务	3	48	C+D	校+企	理论+情景			16	32			8×6				3天在学校，2天在企业
	5	财产品营销	2	32	C+D	校+企	理论+情景			8	24				8×4			
	6	财产险理赔业务	4	72	C+D	校+企	理论+情景			24	48			8×4	8×5			
	7	证券投资实务	4	72	A	学校	理论+实操	36	36					4×18				
	8	家庭综合理财规划※	4	72	A	校	理论+实训	36	36						4×18			
		小计	27.5	472				90	90	82	210							

课程类别	序号	课程名称	学分	总学时	教师团队	教学场所	考核方式	校企各自承担教学学时数				各学期教学学时分配						备注
								学校理论	学校实践	企业理论	企业实践	1周	2周	3周	4周	5周	6周	
职业认知规划课	1	金融经理人成功之路	2	32	A+B	企业	任务			22	10			4×8				
	2	金融职业生涯规划	0.5	10	B+C	企业	任务			10					10×1			
		小　计	2.5	32						32	10			4				
职业拓展提升课	1	证券投资基金	2	32	A	学校	理论	22	10						2×16			
		小　计	2	32	—	—	—	22	10						2			
		合计	34	580				136	112	122	210			24	14			

注：

1. 教师团队项目中，A表示校内教师，B表示企业大师（分支机构总经理及以上职务人员），C表示企业讲师，D表示企业师傅。

2. 17、18周为企业机动周和考核周；19、20周为学校课程机动周和考核周。

3. 标注※的课程为专业"课程思政"改革示范课程。

4. 企业课程按4学时/天计算。

3. 大三学年"岗位实战"阶段专业课程教学安排（见表14）

表14 "岗位实战"阶段专业课程教学安排

课程类别	序号	课程名称	学分	总学时	教师团队	教学场所	考核方式	校企各自承担教学时数				各学期周教学学时分配						备注
								学校理论	学校实践	企业理论	企业实践	1周	2周	3周	4周	5周	6周	
职业专门能力课	1	定向岗位业务技能提升训练	12	180	C+D	企业	实操				180					20×9		9周后接受公司考核，合格留任公司顶岗实习，毕业后签署正式合同，获学徒等级证书
	2	岗位初就业	52	780	C+D	企业	实操				780							
		小计	64	960	—	—	—				960							
职业拓展提升课	1	金融客户关系管理	2	32	C+D	企业	任务	14		18						4×8		
		小计	2	32	—	—	—	14		18						4		
		合计	66	992				14		18	960					24		

（二）分类学时学分统计表（略）

（三）教学活动进程表（见表15）

表15　数学活动进程表

学年	学期	周数																			
		1	2	3	4	5	6	7	8	9	10	11	12	13	14	15	16	17	18	19	20
一	1	▲	▲	▲	▤	▤	▤	▤	▤	▤	▤	▤	▤	▤	▤	▤	▤	▤	▤	■	★
	2	▤	▤	▤	▤	▤	▤	▤	▤	▤	▤	▤	▤	▤	▤	▤	▤	●	●	■	★
二	3	◎	◎	◎	◎	◎	◎	◎	◎	◎	◎	◎	◎	◎	◎	◎	◎	◎	◎	◆	★
	4	◎	◎	◎	◎	◎	◎	◎	◎	◎	◎	◎	◎	◎	◎	◎	◎	◎	◎	◆	★
三	5	●	●	●	●	●	●	●	●	●	●	●	●	●	●	●	●	●	●	●	★
	6	※	※	※	※	※	※	※	※	※	※	※	※	※	※	※	※	※	▼	◆	★	—
符号		▤理论教学　●企业实践　■职业认知　◎工学交替　★考试																			
		※定岗培养　▲入学教育、军训　▼毕业教育　◆机动																			

注：第三、四学期，"工学交替"采用"3+2"模式，即每周3天在学校进行理论学习，2天在企业进行岗位学习。

十、实践教学安排

（一）岗位认知阶段（2020年9月至2021年6月）

第一阶段在学校以学习理论以及基本的技能、培养职业素质为主，在企业以"企业体验"为主，组织几次参观企业、感受企业的文化内涵活动，并邀请企业的专家到学校来给学生讲解企业的文化、行业发展现状等内容，让学生提前感受企业的相关内容，为第二学年做好准备，安排校企双导师带领学徒参加系列金融服务志愿服务活动、企业周末外拓活动，提升学徒职业素养。第一学年实践教学安排如表16所示。

表 16   第一学年实践教学安排表

实践项目/课程名称	实践时间	实践内容	实践目标	企业
职业与岗位认知教育	2020 年 9 月、2021 年 3 月（1 周）	职业文化及公司文化教育、职业体验与职场参观	知行业、晓职业	利宝保险
金融标准化服务礼仪	2021 年 6—7 月（1 周）	运用恰当的金融礼仪在大堂经理、前台接待岗等接待客户	懂礼仪、会沟通	建设银行永川支行
金融志愿服务	2020 年 10 月—2021 年 7 月	双导师带领学徒组织并参加系列金融知识普及、"三下乡"等志愿服务活动	有情怀、有素养	利宝保险
公司文化体验	2020 年 10 月—2021 年 7 月	组织学徒参加公司活动，感受公司文化的熏陶	有情怀、有素养	利宝保险

（二）轮岗训练阶段（2021 年 9 月至 2022 年 6 月）

第二阶段开始以"项目学习"的形式进行，采用"3+2"模式，3 天在学校学习理论，2 天在企业学习实践。第二学年实践教学安排如表 17 所示。

表 17   第二学年实践教学安排表

实践项目	实践时间	实践内容	实践目标
服务专员	2021 年 9 月—2022 年 6 月（9 周）	渠道服务与维护、保单信息维护	了解保单信息以及具备的各要素，具备后期营销中为咨询客户解决相关问题能力
理赔助理	2021 年 9 月—2022 年 6 月（9 周）	车辆核保与理赔	知晓车辆理赔程序、理赔额计算等，具备理赔数据分析能力
查勘定损专员	2021 年 9 月—2022 年 6 月（9 周）	车险的定损、对车险及简单的非车险案件现场查勘、办公室定损	掌握车险及简单的非车险定损技巧；能在理赔授权权限内独自完成定损
渠道经理	2021 年 9 月—2022 年 6 月（9 周）	银保渠道、4S 店渠道、车商渠道等渠道销售与维护	掌握各个渠道销售及维护技能

（三）岗位实战阶段（2022 年 9 月至 2023 年 6 月）

此阶段前 9 周根据学徒定向选择岗位分组开展岗位技能提升训练，边学习边以具体岗位助理身份参与岗位实战。第 10～11 周开展教学考核，考核合格学徒方可进入下一阶段定岗实践。定岗实践期间接受企业标准化考核，并根据三年培养期表现由企业评定学徒等级（A、B、C 三级），由企业颁发对应等级学徒毕业证书。第三学年实践教学安排如表 18 所示。

表 18　第三学年实践教学安排表

实践项目	实践时间	实践内容	实践目标
定向岗位业务技能提升训练	2022 年 9—11 月（9 周）	具体岗位技能提升训练	能按公司要求完成具体岗位工作，通过岗位考核
岗位初就业	2022 年 11 月—2023 年 6 月	财产险销售、客户开拓与维护、车险的核保与理赔	以正式员工身份开展真实业务，达到公司考核标准，为下一步晋升做好准备

十一、专业办学基本条件和教学要求

（一）学校条件

1. 校内教师要求

高级职称教师占校内教师比例应达到 25%；校内教师中具有研究生学历或硕士及以上学位的教师所占比例应达到 60%，无硕士学历教师需具有"985""211"院校本科学历；专业课中"双师"素质教师比例应达到 80%，所有教师企业实践实习经历不低于一年。

2. 校内实训基地（见表 19）

表 19　校内实训室的相关信息

校内实训室名称	建设时间	主要配置	可供开展的实训项目
金融理财实训室	2010 年	金融客户服务柜台、业务谈判桌椅、金融产品推介书、职位铭牌等	信用卡、基金、股票以及财产保险、人身保险等常见金融产品的模拟推销、展业、客户开发、谈判及维护，客户呼叫中心

校内实训室名称	建设时间	主要配置	可供开展的实训项目
金融客户服务实训中心	2013 年	保险业务软件、证券公司交易设备、部门办公场地、银行业务软件、证券业务软件等	保险业务、证券公司柜台业务办理、金融产品营销与客服实训
金融服务工作室（校内创业基地）	2016 年	办公设备、工作室承接相关业务的资料、App、软件等	保险与理财产品推介、证券开户业务、银行运营相关业务
金融仿真实训中心	2020 年	传统保险业务软件、营销模拟系统、柜台及业务模拟设备、区块链业务软件	晨夕会召开、保险业务模拟、保险客户服务训练、银行运营相关业务

（二）企业条件

1. 企业教师要求

（1）企业大师

企业大师应具备金融、经济或管理类本科及以上文凭，拥有扎实的金融理财、营销、管理等理论基础知识和实战经验，在公司担任支公司总经理及以上职务，行业工作经历不少于 5 年。其主动积极推进投资与理财专业建设、科学研究和人才培养，在促进学徒制校企合作等方面能发挥重大作用。

（2）企业讲师

企业讲师应具备金融、经济或管理类本科及以上文凭，拥有扎实的金融理财、营销、管理等理论基础知识和专业技能，在公司从事专业讲师工作，且从事讲师工作经历不少于两年。思想品德良好，热心为学徒制班的教学、科研、管理及专业建设和发展服务。

（3）企业师傅

企业师傅应具备金融、经济或管理类专科及以上文凭，拥有扎实的金融理财、营销、管理等理论基础知识和专业技能，有丰富的实战经验；在公司担任团队经理、业务主管、部门经理等职务（工作业绩特别突出者可无相应职务），从业经历大于 2 年。思想品德良好，热心为学徒制班的教学、科研、管理及专业建设和发展服务。

2. 校外教学场所要求（略）

（三）教材及图书、数字化（网络）资料等学习资源

本专业将组织专职教师与金融行业专家，根据人才市场需求的新变化和专业发展的新趋势，积极进行专业课程的优质精品课程与教材建设，力求实现理论与实践相结合，以满足学校教学和社会大众投资理财学习的需要。然后，本专业将依托市级专业教学资源库项目建设，根据人才培养需要，建立包括课件、案例、实训项目、习题集、视频教学等丰富的数字化（网络）专业学习资源。

（四）教学方法、手段与教学组织形式建议

本专业将在职业能力分析的基础上，针对不同的专业课程的教学与实践内容，构建多元化专业教学评价体系。教学评价内容应包括学生的知识掌握情况、实践操作能力、学习态度和基本职业素质等方面，突出实践性课程的过程性考核评价，体现提升综合素质的要求。

（五）教学评价、考核建议

在课程考核方面，本专业在职业能力分析的基础上，针对不同专业课程的教学与实践内容，构建了多元化专业教学评价体系。教学评价内容应包括学生的知识掌握情况、实践操作能力、学习态度和基本职业素质等方面，突出实践性课程的过程性考核评价，体现了提升综合素质的要求。

在整体学业考核上，学习过程考核采用"年度考核—定岗考核—出师考核"三步骤分段考核机制，其中，年度考核内容包含"课程考核+技能提升考核+社会服务考核+校内导师考核+企业师傅考核"。同时将年度考核成绩作为评定企业奖学金的依据。

（六）教学质量监控

学校成立教学质量监控小组，校内教学采用"学校—学院—教研室"三级质量监控制度，校外教学环节依托习讯云 App 进行质量监控。

十二、毕业条件与职业证书

（一）毕业条件

学生按照人才培养方案要求修完规定的课程并达到毕业最低总学分 169 学分就算考核合格；同时，按照用工合同要求，接受企业业绩考核，并完成企业相应的业绩要求。学徒学习期满，按照就业岗位由公司进行终极考核，根据技能水平确定为 A 级、B 级、C 级学徒，并对应发放学徒技能证书。

（二）职业证书

通过本专业的学习，鼓励考取以下职业技能证书或职业从业资格证书之一，比如投资与理财专业职业技能证书（见表20）、投资与理财专业职业从业资格证书（见表21）。

表20　投资与理财专业职业技能证书

序号	证书名称	等级	发证单位	备注
1	助理经济师	初级	人力资源和社会保障部	选考

表21　投资与理财专业职业从业资格证书

序号	证书名称	等级	发证单位	备注
1	证券从业资格证	行业资格	中国证券业协会	选考
2	银行从业资格证	初级	中国银行业协会	选考
3	基金从业资格证	行业资格	中国证券业协会	选考

（三）岗位晋升与继续专业学习深造建议

学生可以通过自学考试、专本考试、网络教育、成人教育、出国进修等方式，完成经济和金融类专业本科、研究生层次的学习与深造，并可以申请学士学位、硕士学位。

鼓励学生通过专衔本教育方式获取金融类专业本科学历，为后续职业晋升准备条件。

参考样本 2：课程标准

"金融标准化服务礼仪"课程标准见表 1。

表 1　"金融标准化服务礼仪"课程标准

课程代码	040101055	课程类别	职业通用能力课/必修课
适用专业	投资与理财（学徒班）	授课部门	金融学院
学　分	2	学　时	40
执笔人		审定人	
编写日期		审定日期	

一、课程适用专业

该课程既适用于投资与理财现代学徒制专业，也适用于投资与理财现代学徒制中、高衔接专业。

二、课程定位

课程的性质："金融标准化服务礼仪"课程是投资与理财专业（现代学徒制班）职业通用能力课程包中的一门课程，是一门校企联合授课课程。

课程的作用：通过本课程的学习，学生可认识学习礼仪的重要性，掌握礼仪的基础知识，并根据银行、保险、信贷等金融机构的特点，以标准化、规范化内容为基础，重点掌握金融礼仪修养和规范，提高个人综合素养和提升生活的品位，不仅能胜任未来就业学徒岗位的相关要求，而且具有相应的知识和能力以适应其职业生涯的进一步拓展和可持续发展的需要，为成为一名合格的金融工作者做准备。

三、课程设计理念与思路

（1）教学内容与学徒岗位要求对接。以基本礼仪知识为参考，以银行标准服务礼仪为规范，系统整理保险行业及信贷行业所需服务礼仪知识与技能，形成本课程教学内容，确保教学内容贴近岗位、贴近工作实际，将"服务礼仪"转化为"金融服务礼仪"。

（2）教学过程与学徒企业工作过程对接。采用"校内理论学习—标准化金融服务机构（银行）实践学习—学徒制企业岗位应用实践"三段式教学，构建起学生（学徒）"理论认知—实践认知—应用实践"的渐进式学习路径，确保学生（学徒）所学与企业工作岗位所需无缝对接。

（3）考核标准与学徒企业评价标准对接。课程考核采用"理论考核+情景通关"的方式，校内教学部分由校内教师进行知识考核，企业学习环节由师傅对学徒在具体工作情景中的表现进行考核，知识考核占比为20%，情景考核占比为80%。

本课程建议整合校内教师、现代学徒制企业师傅或学徒制辅助合作企业教师三类人员共同进行教学。学习时间为两周，其中校内学习1天，校外学习8天。

四、本课程与其他课程的关系

本课程与专业前导课程的关系见表2。

表2　与前导课程的关系

序号	前导课程名称	为本课程提供的能力支撑	备注
1	金融概论	熟悉保险、信贷公司、银行等金融机构及其开展业务	第一学期
2	经济学基础	掌握消费者、客户消费心理	第一学期

本课程与专业后续课程的关系见表3。

表3　与后续课程的关系

序号	后续课程名称	本课程提供的能力支撑	备注
1	保险、信贷营销	客户面谈、接待、沟通礼仪	第四、五学期
2	家庭理财规划	理财咨询服务礼仪	第三学期
3	金融客户关系管理	日常交际礼仪	第五学期

五、课程的教学目标

（一）总体目标

"金融标准化服务礼仪"课程标准的制订以投资与理财专业人才培养方案（适用现代学徒制）为依据，该课程主要培养学生的通用职业能力，具体是根据学生（学徒）从事职业活动的特点，将礼仪与金融职业有机结合，重视理论联系实际，通过切实有效的礼仪教育，培养学生理解、宽容、谦逊、诚恳的待人态度，培养学生接待有礼、热情友好、讲究礼貌、庄重大方的行为举止。通过理论学习、岗位训练与实习实践有机结合，在实践中培养学生良好的礼仪举止，使学生掌握各种金融服务礼仪与技巧，从而提高学生的综合素质，为学生能在企业顺利适应工作打下坚实的基础。

（二）知识目标

通过该课程的学习，使学生掌握以下有关知识点：

（1）服务人员的基本素质；

（2）金融行业仪容仪表要求；

（3）金融行业站立行走礼仪；

（4）金融行业大堂经理岗服务礼仪；

（5）金融行业面谈客户礼仪；

（6）金融行业日常交际礼仪。

（三）能力目标

通过该课程的学习，使学生具备以下能力：

（1）能够进行服务人员的角色定位；

（2）能够根据具体工作场合设计适合自身的妆容仪表；

（3）能够使自己的行为举止优雅得体，符合金融行业服务礼仪规范；

（4）能够运用恰当的礼仪从事大堂经理服务工作；

（5）能够恰当地介绍自己和与客户交谈；

（6）能够运用恰当的礼仪从事客户维护与管理工作；

（7）能够掌握宴请的礼仪及其他符合服务礼仪的各种规范。

（四）素养目标

通过该课程的学习，使学生具备以下素养：

（1）树立爱岗敬业、勇于奉献的工作精神；

（2）养成讲诚信、讲纪律的职业操守；

（3）养成踏实肯干、敢于创新的工作态度；

（4）具备良好的自我设计职业形象能力、沟通能力、团队合作能力、组织能力、应变能力。

六、课程的内容设计

结合学徒制岗位（群）的工作过程和内容，本课程特设定三个项目组织教学。课程教学项目设计如表4所示。

表4 课程教学项目设计

学习项目	学习任务	学习时间	学习地点	教学主体	教学环境说明	考核评价与标准	考核主体
校内理论学习	1. 金融行业仪容仪表要求	1学时	学校	校内导师	理实一体教室	知识考核：能掌握金融从业者应具备的基本金融礼仪知识	校内导师
	2. 金融行业站立行走礼仪	1学时					
	3. 金融行业大堂经理岗服务礼仪	2学时					
	4. 金融行业面谈客户礼仪	2学时					
	5. 金融行业日常交际礼仪	2学时					
	小计	8学时					
企业实践学习	1. 学习大堂经理服务内容	0.5天	银行	企业兼职教师	银行大堂	情景通关考核：能正确应用礼仪知识接待银行客户	企业兼职教师
	2. 跟随大堂经理为客户服务	1.5天					
	3. 独立从事大堂服务	1.5天					
	小计	3.5天（按14学时计）					
岗位应用实践	1. 学习企业前台接待、营销服务岗工作内容	0.5天	学徒制合作企业	企业导师	学徒制企业前台、市场部	情景通关考核 能正确应用礼仪知识接待银行客户、与客户沟通交流	企业导师
	2. 前台接待岗实践锻炼	2天					
	3. 营销服务岗实践锻炼	2天					
	小计	4.5天（按18学时计）					

金融类专业现代学徒制改革实践探索

七、课程资源保障

为了顺利实施该课程教学，应建立以下资源保障（见表5）。

表5　课程资源保障表

课程资源	资源保障条件
教师团队	1. 校内导师+企业导师 2. 校内教师：应具有研究生及以上学历，具有银行大堂经理实习或工作经历，并能够熟练地运用多种教学方法实施教学 3. 企业教师：应具有经济、金融相关专科以上学历，有一年及以上银行大堂经理、保险和投资理财公司前台接待工作经验
教学场地	1. 校内实训基地条件要求：在理实一体教室开展教学，便于教学视频播放、资料查阅、任务汇报、分组讨论等活动进行，有进行情景模拟相关设备 2. 校外实训基地条件要求：有真实工作场景，有大堂经理、前台接待岗位等供学生实践，另配有独立课堂/教室和多媒体放映设备，能让学生进行活动研讨、知识学习等
教材	1. 使用教材：校企合编学徒制专用教材——《金融标准化服务礼仪手册》 2. 参考教材：《金融服务礼仪》（王丹、曾磊主编，经济科学出版社，2020）
数字化教学资源	1. 校企共建在线课程"金融礼仪"，重庆高校在线开放课程平台+学习通 2. 企业教学视频：企业培训视频+实际工作场景视频 3. 网络教学平台：超星学习通

八、教学方法建议

本课程教学在模式上以理实结合、企业实践为主。校内教师应与学徒制合作企业师傅进行充分的沟通，将企业礼仪标准与要求融入理论教学，采用讲授式、情景演练等多种方法开展校内教学。在校外教学环节，应注重理论知识的转化应用，通过现场指导、一对一指导等教学法，帮助学生更好地应用礼仪知识开展金融服务工作。

九、考核评价体系

本课程的考核评价，采用过程与模块评价相结合的方式，注重进行实践性教学内容的考核。期末考核采取百分制，总分值100分，其中校内考核占比为50%，校外考核占比为50%。

校内考核：总分50分。平时成绩占比为30%，含到课率及课堂表现和实训成绩；终结考试成绩占比为70%，考试以礼仪会演展示的形式，全面考核对本课程的知识的实践应用能力。

校外考核：采取企业师傅评分，总分 50 分，重点考核学生对金融礼仪的掌握程度、工作主动性、积极性、对公司规章制度的遵守执行等方面。课程考核评价如表 6 所示。

表6 课程考核评价表

考核场所	考核项目	考核主体	分值/分
校内考核	日常表现	校内导师	15
	礼仪会演	课程校内教学团队	35
校外考核	工作态度考核	企业师傅	10
	工作能力考核	企业师傅	20
	应知应会测试	部门负责人	20
合 计			100

十、学生学习建议

课程建议学生利用大量的图书资源及网络资源，进行基础知识和专业知识的学习，拓展职业素质，提升职业素养，为下一步的专业学习打下良好的基础。

第三节 课程篇

《教育部关于开展现代学徒制试点工作的意见》指出，要引导职业院校与合作企业根据技术技能人才成长规律和工作岗位的实际需要，共同研制人才培养方案、开发课程和教材、设计实施教学、组织考核评价、开展教学研究等。在新时代背景下金融类专业改革现代学徒制过程中，应秉承以服务社会经济发展为导向、以提高学生职业能力为目标、以校企合作工学交替为途径、以课岗证融通为手段实施课程体系改造与重构，构建专业知识、职业能力、职业操守融合培养的课程体系，开发校企共建共享的教学资源，实施校企联合教学。

一、课程体系开发设计

1. 课程体系开发的原则

（1）岗位定制原则

根据现代学徒制内涵，高职院校金融类专业在课程体系设计过程中应以岗位需求为导向进行量身定制。课程体系构建要以人才培养定位为依据，以能力培养为重点，每一门专业必修课程都对应相应的现代学徒制岗位（群），实现课程内容与职业标准和企业岗位能力高度对接、融会贯通。对于面向不同企业、不同岗位的现代学徒制班级，课程体系以及教学方案也应有所不同。

（2）优势结合原则

课程是落实学校和企业双主体育人的最主要载体，高职院校金融类专业在现代学徒制课程体系设计过程中要充分发挥校企双方各自教学优势，鉴于大多数学校导师理论水平虽高却缺乏企业工作经验，学校应主要负责职业素质基础和职业技能基础类课程，鉴于校外导师实践经验丰富但教学能力相对较弱，企业应主要负责岗位技术技能课程与职业拓展选修课程。

（3）持续发展原则

现代学徒制与传统学徒制最大的区别在于其不仅具有技能传承的经济属性，同时也具有发掘人的潜能、关注人的成长的教育属性，即现代学徒制不应仅关注培养契合企业岗位需求的劳动者，更应关注学生职业生涯的可持续发展能力的培养。因此高职院校金融类专业现代学徒制课程体系中必须考虑学生可持续发展、个性化发展需求，通过设置层次化、柔性化的课程教学与安排充分激发学生潜能。

2. 课程体系开发设计

重庆财经职业学院金融学院在与四家金融机构开展现代学徒制人才培养的过程中，组建起由学院领导和骨干教师、合作企业专家共同组成的现代学徒制工作委员会，工作委员会遵循"课程内容对接职业标准"的要求，在岗位定制原则、优势结合原则、持续发展原则指导下，按照各家企业对应岗位工作流程，共同开发基于岗位工作任务的专业课程，形成基于工作内容的"职业通用能力课程、职业专门能力课程、职业认知规划课程、职业拓展提升课程"四大课程包。根据课程的理论性和与岗位直接关联程度强弱，课程又可分为学校主导课程、校企联合授课课程和企业主导课程。

以某财产保险公司××专业现代学徒班为例，其课程结构如表4-2所示。

表4-2 ××专业现代学徒班职业能力课程结构

课程性质与类别		课程名称	授课主体
专业必修课	职业通用能力课程	经济学基础	学校主导课程
		金融概论	学校主导课程
		基础会计	学校主导课程
		证券投资实务	学校主导课程
		金融法规与职业道德	校企联合授课课程
	职业专门能力课程	保险理论与实务	学校主导课程
		财产险产品分析与配置	校企联合授课课程
		机动车辆核保与理赔	企业主导课程
		柜台业务操作	企业主导课程
		财产险产品线上营销	企业主导课程
		财产险产品线下营销	企业主导课程
		渠道管理与维护	企业主导课程
		家庭综合理财规划	校企联合授课课程

表4-2(续)

课程性质与类别		课程名称	授课主体
专业选修课	职业认知规划课程	职业认知教育	校企联合授课课程
		金融发展史	校企联合授课课程
		金融经理人成功之路	校企联合授课课程
		金融职业生涯规划与指导	校企联合授课课程
	职业拓展提升课程	个人与团队经营管理	企业主导课程
		晨夕会经营	企业主导课程
		互联网金融模式分析	学校主导课程
		小微金融实务	学校主导课程
		金融创新创业案例	校企联合授课课程

二、教材开发

"教材"是课程教学内容和教学设计重要载体,既为教师确立教学方案提供内容参考,又为学生全面了解和掌握专业知识和技能提供参考资料,因此,从某种程度上讲,教材的好坏决定着教学效果的好坏。在现代学徒制教学背景下,选用的教材不应只是简单的知识点堆砌和累积,也不能是机械化的学习项目或学习任务的罗列。对于职业专门能力课程,教材内容必须与学徒工作岗位衔接到位,使学生在课堂上学习的理论知识和技能能够自然迁移至岗位实操并指导其实践。因此,企业的实际工作过程和方法、职业素养的要求必须有机融入教材内容,方能契合现代学徒制人才培养模式。

《国务院办公厅关于深化产教融合的若干意见》指出,要重点强化企业重要主体作用,引导企业深度参与职业教育改革,包括教材开发。《国家职业教育改革实施方案》指出,要"建设一大批校企'双元'合作开发的国家规划教材,倡导使用新型活页式、工作手册式教材并配套开发信息化资源"。

由于现代学徒制实践时间尚短,目前教材体系建设还相对滞后,重庆财经职业学院在现代学徒制人才培养试点实践中,校企双方基于现代学徒制要求结合课程实际需要进行了系列新型教材的探索和开发。开发程序如下:

1. 编写团队的组建

为更好地实施现代学徒制既定课程教学，学院牵头组建由学徒制合作金融机构培训师、师傅、项目负责人与学校专业教师、专业负责人、项目负责人等组成的校企联合开发双导师团队，教材实行"双主编制"，团队合理分工，学校负责把握政治方向的正确性、教材体例的科学性、语言表达的规范性，企业负责把握教材内容的实用性、前瞻性，为教材提供实际工作案例，确保学生所学即所需、所用，从而保证现代学徒制人才培养目标的实现。成立校企行三方专家共同组建的现代学徒制教材委员会，对教材开发过程进行指导和审定。

2. 教材内容的确立

按照课程标准，根据金融机构对应岗位职责和技能要求，从实际工作过程中分析、整合、归纳和提炼，形成典型工作任务，再根据工学结合要求，对应确立教材任务模块、学习单元，按照学生的认知规律和工作过程序化教学内容，完成教材核心内容的设计与编制。通过这样的方式，有效解决理论与实践知识在整合过程中的系统化结构问题，将以往割裂、分离的单项知识和技能进行了复合化、综合化改造，实现了教学内容和学徒岗位需求的有机融合。此外，还要注重将"1+X"证书内容有机融合到教材中，实现职业技能等级证书有机融入课程体系。

3. 活页式和工作手册式教材

伴随着金融行业发展和变革日新月异，金融行业岗位的工作内容、工作模式、工作流程也不断发生着深刻变化，因而现代学徒制下的校企联合开发教材往往需要定期更新，这就要求教材的内部各部分在编排时应具备一定的灵活性，以应对技术、规范等的变化带来的教学内容更新调整。此时选取活页式教材是相对较好的选择，可以保证在部分教学内容更新后教材的整体组织结构仍保持稳定。以重庆财经职业学院和现代学徒制合作银行联合编写的《新零售客户经理综合技能训练》教材为例，其内容框架主要由教学内容、活页笔记、自我总结三个部分组成（见表4-3）。

表 4-3　《新零售客户经理综合技能训练》活页式教材内容框架

序号	教材结构	具体内容
1	教学内容	一、技能训练项目名称 二、知识点、技能点总结 三、实际工作场景案例导入 四、技能活动分析 五、相关知识 六、技能活动示范（展示完成技能活动的步骤、过程、方法） 七、技能训练与测评 八、拓展阅读/训练 九、师傅寄语
2	活页笔记	学生独立完成的、以"活页"的形式呈现出来的学习笔记
3	自我总结	一、存在的主要问题 二、收获与总结 三、今后改进提高的措施

　　对于实践性和操作性强、职业岗位指向明确的校企联合授课课程和企业主导课程，在教学内容的编排上应选用以"做中学"为特征的工作手册式教材。工作手册式教材具有工作手册和教材的共同特征，内容上既能满足学生在工作现场的学习需要，提供简明易懂的"应知""应会"等现场指导信息；同时又能按照技术技能人才成长特点和教学规律对学习任务进行有序排列。工作手册式教材在装订上仍最好采用活页式装订。以重庆财经职业学院和某家财产保险公司联合编写的教材《车辆查勘与理赔》为例，根据使用对象不同，分为教师版和学生版，教师版内容包含岗位介绍、岗位工作流程、工作总结三个部分（见表 4-4）。学生版则包含岗位介绍、岗位工作流程、任务工单、自我总结四个部分（见表 4-5）。

表 4-4　《车辆查勘与理赔》教材（教师版）内容框架

序号	目录	具体内容
1	岗位介绍	一、部门介绍 二、岗位工作职责 三、岗位工作标准 四、岗位职业素养

表4-4(续)

序号	目录	具体内容
2	岗位工作流程	任务一　交通事故判别处理流程 任务二　轻微事故车的查勘与定损流程 任务三　一般事故车的查勘与定损流程 任务四　重大事故车的查勘与定损流程 任务五　特大事故车的查勘与定损流程 任务六　特殊事故车的查勘与定损流程
3	工作总结	带徒工作记录、总结

表 4-5　《车辆查勘与理赔》教材（学生版）内容框架

序号	目录	具体内容
1	岗位介绍	一、部门介绍 二、岗位工作职责 三、岗位工作标准 四、岗位职业素养
2	岗位工作流程	任务一　交通事故判别处理流程 任务二　轻微事故车的查勘与定损流程 任务三　一般事故车的查勘与定损流程 任务四　重大事故车的查勘与定损流程 任务五　特大事故车的查勘与定损流程 任务六　特殊事故车的查勘与定损流程
3	任务工单	学生在师傅指导下完成或独立完成的出险报案表、赔案处理单、调查笔录、查勘定损报告等
4	自我总结	一、存在的主要问题 二、收获与总结 三、今后改进提高的措施

4. 新形态教材

在现代学徒制人才培养模式下，由于教学场所在企业和学校之间来回交替切换，部分课程将无法实现传统师生面对面教学模式，因而线上教学、"线上+线下"的混合式教学模式成为需要，传统的纸质教材必须配套信息化教学资源。

针对这样的课程，金融类专业现代学徒制工作团队在教材编写过程中将"互联网+"形态充分融入教材建设过程，开发出以"移动互联网端"为基础，可用多个教学平台、手机 App 互联的新形态教材。新形态教材以融合纸质与数字资源一体化的二维码为教学载体，将教材、课堂和资源三方有机融合，实现文字、图片、音频、视频、动画、课堂活动、项目案例、作业测评、技能训练、拓展资源等一体化，可有效拓展教学的时间和空间，使教师和学生在即使处在不同场所下仍可开展教与学。

三、课程教学与考核评价

相比传统教育模式，现代学徒制下的职业教育更加注重学生岗位职业技能和职业素养的培养，因此，金融类专业现代学徒制课程教学的核心就是要基于校企合作、工学交替、理论与实践教学相融合的教学理念，更新课程教学内容、教学方法、考核评价机制等，形成理实一体的教学模式。在教学与考核评价过程中，应注意以下几个方面：

1. 转变教学理念，重构教学模式

在现代学徒制人才培养体系下，教学主体由以往单一的校内教师变成复合的"双元导师"团队，因此，在进行课程教学模式设计时，需要将教学、实践、科研三者相结合，突出教育的"双主体"属性，突出实践能力的培养。要明确校内导师和企业师傅各自在课程教学中的分工、角色，校内导师主要负责理论知识传授和模拟业务训练，企业导师主要负责实操技能养成和训练，双导师团队相互配合，形成理实一体的教学模式，共同完成学生（学徒）岗位能力的培养。

以重庆财经职业学院投资与理财专业与某信贷公司组建的现代学徒班为例，在教学实施过程中，针对与岗位工作直接相关的学校主导课程，主要采用"8+2"教学模式，即由校内教师承担约80%课时的课程内容教学，企业导师承担约20%课时的企业实际工作案例或实训教学。针对企业主导课程，则采用"2+8"教学模式，即校内教师承担约20%课时的岗位工作相关理论和知识的教学，企业师傅承担80%课时的岗位工作实践或技能训练项目的教学。针对校企联合授课课程，则根据不同试点班工学交替频率，采用"前校后企"分段式教学或"3+2"（3天在校、2天在企）模式教学。

2. 创新教学方法，推动课堂革命

美国著名教育家欧内斯特·博耶指出，教育必须把学生培养成为独立自主、自力更生的人。但是，最好的教育还必须帮助学生超越他们的私利，获得更具综合性的知识，把他们的学习与生活的实际联系起来。相比工科类专业，金融类专业更需要学生具备综合性的知识、技能和职业素养，通过在真实的工作任务和场景中完成课程教学，以现场体验、跟岗实践、顶岗实习的教学方式潜移默化地将岗位技能、人际沟通、团队协作等综合能力与素质传授给学生，从而取得更好的人才培养效果。

同时，在现代学徒制下，伴随着学生的学习方式、学习行为的深刻变化，对教师教学手段与方法也提出了相应的变革性要求。课堂教学必须摆脱枯燥、死板的知识讲解，探索自主、合作、探究等学习方式，实施以项目任务为载体的行动导向教学，在轻松活跃的氛围下完成基础知识、岗位技能、文化素养、团队协作的传授与传承，实现知识与技能、过程与方法、情感态度与价值观三维教学目标。课堂教学必须依托数字化新形态教学资源，融合最新的信息化教学技术，实施慕课、翻转课堂、线上线下混合等多种教学方法改革，构建新形态课堂教学模式，推动课堂教学革命。

3. 完善考核评价，构建多元评价体系

在现代学徒制下，金融类专业课程应重点考核学生的职业技能和职业素养，应采用过程评价与结果评价相结合、诊断性评价与形成性评价相结合、单项评价与综合评价相结合的多元化评价方式。在评价主体上，可建立第三方考评制度，采用自主评价、教师评价、师傅评价、客户评价、企业评价、行业评价等多种评价相结合。在考核内容上，应根据校企双方共同制定的人才培养目标、岗位工作标准、课程标准等，设定学生在学习过程中的考核内容，将道德表现、知识掌握、技能水平、职业素养等均纳入考核体系，全面测评学生的政治觉悟和综合素质，引导学生从注重考试结果转变为注重学习过程，对评价结果及时反馈，切实帮助学生找准差距，对标提升个人岗位核心能力和职业发展能力。

4. 实施课程思政，推进教书育人融合

教育部办公厅发布《关于全面推进现代学徒制工作的通知》明确指出，要坚持德技并修、工学结合、知行合一，着力培养学生的专业精神、职业精神和工匠精神，提升学生的职业道德、职业技能和就业创业能力。这就要求

要由学院导师、专职思政教师、企业师傅组成三方协作的教学团队，深入挖掘各门课程中所蕴含的思政育人资源，精细梳理各门课程、企业文化、岗位职责中蕴含的思政元素形成思政教学映射点，通过理论教学、实践锻炼、顶岗实习等形式将知识传授、技能训练、德育教育紧密衔接，使专业课程教学与思政教育融合一体、相辅相成。

参考样本 1：企业课程教学计划表

在重庆财经职业学院金融类专业教学过程中，企业课程主要由企业方根据其需求和可调动的资源进行安排设计。表 1 是某家财险公司设计的学期教学安排：

表1 2019级××学徒班第三学期企业教学计划安排
（含职业认知教育Ⅱ、保险客户服务、财产险出单业务、
财产险理赔业务、保险法规课程）

时间			模块课程	学习项目	具体学习内容
第一周	星期三	上午	职业认知教育Ⅱ	师徒交流、学习分组	欢迎新的同学加入团队，做自我介绍。明确职责范围内的事务，做到尽心尽责，主动作为
		下午		企业规章制度	了解机构管理模式，明确公司规章制度
	星期四	上午		公司业务流程	公司基本分为前线、中台、后台以及理赔条线，前线包括销售和出单，中台包括销售推动和核保，后台包括财务和综管。了解每一个业务流程所涵盖的方面及其职责
		下午		保险行业拓展	了解保险行业情况，对保险在社会生活中的重要性
第二周	星期三	上午		职场参观	到重庆参观总公司、分公司职场
		下午		职场参观	到重庆参观总公司、分公司职场
	星期四	上午		保险基础知识测验	了解保险主要分类，对寿险和财险有基本的认识；以向学生提问以及解答的方式来进行此课程
		下午		保险基础知识测验	了解保险主要分类，对寿险和财险有基本的认识；以向学生提问以及解答的方式来进行此课程
第三周	星期三	上午	财产险出单业务	车险理论知识	了解车险基本知识
		下午		车险出单流程	了解车险出单流程
	星期四	上午		车险出单实操学习（1）	车险出单学习；了解出单易操作模式以及它的作用
		下午		车险出单实操学习（2）	车险出单学习；了解出单易操作模式以及它的作用

表1(续)

时间			模块课程	学习项目	具体学习内容
第四周	星期三	上午	财产险出单业务	车险出单实操学习（3）	车险出单学习；了解万家云服操作模式以及它的作用
		下午		车险出单实操学习（4）	车险出单学习；了解万家云服操作模式以及它的作用
	星期四	上午		车险出单回顾	对车险知识学习与出单练习进行回顾与总结
		下午		非车险理论知识	了解非车险基本知识
第五周	星期三	上午		车险出单流程	了解非车险出单流程
		下午		非车险出单强化	对非车险主要的几个险种进行详细讲解
	星期四	上午		非车险出单实操学习（1）	非车险出单学习（财产险）
		下午		非车险出单实操学习（2）	非车险出单学习（责任险）
第六周	星期三	上午		非车险出单实操学习（3）	非车险出单学习（货运险）
		下午		非车险出单实操学习（4）	非车险出单学习（意外险）
	星期四	上午		非车险案例	以案例形式生动地解说非车险的种类
		下午		非车险话术学习	假设自己是一名非车险销售，如何向客户解说相关险种
第七周	星期三	上午	保险客户服务	场景练习（1）	假设自己是一名保险××（岗位自己可选），模拟自己对客户/员工的话术，例：一名保险销售如何向渠道解说我们的雇主责任险/一名销售推动专员如何向员工介绍我们的货物运输险
		下午		场景练习（2）	假设自己是一名保险××（岗位自己可选），模拟自己对客户/员工的话术，例：一名保险销售如何向渠道解说我们的雇主责任险/一名销售推动专员如何向员工介绍我们的货物运输险
	星期四	上午		非车险出单回顾	对非车险知识学习与出单练习进行回顾与总结
		下午		电话中心话术学习	若你跟客户素未谋面，如何在有限的时间里，成功向客户表达自己的意愿，进而获得客户的认可

表1(续)

时间			模块课程	学习项目	具体学习内容
第八周	星期三	上午	财产险理赔业务	话术对练（1）	一对一练习
		下午		话术对练（2）	一对一练习
	星期四	上午		核保基础知识	了解核保存在的意义
		下午		核保流程	学习核保条款
第九周	星期三	上午		自习课	学习核保条款
		下午		核保条款解答	对核保条款不了解的知识点进行解答
	星期四	上午		电话中心、核保知识回顾	对电话中心、核保知识进行回顾与总结
		下午		销售类客户服务	了解销售类型的客服工作
第十周	星期三	上午		服务流程	具体服务流程
		下午		服务练习	一对一练习
	星期四	上午		理赔知识（1）	学习理赔知识，了解理赔流程
		下午		理赔知识（2）	学习理赔知识，了解理赔流程
第十一周	星期三	上午		理赔案例（1）	理赔案例分享，了解实际案例中的公司理赔操作流程
		下午		理赔案例（2）	理赔案例分享，了解实际案例中的公司理赔操作流程
	星期四	上午		理赔知识回顾	对理赔知识进行回顾与总结
		下午		理赔类客户服务	了解理赔类型的客服工作
第十二周	星期三	上午		服务流程	具体服务流程
		下午		服务练习	一对一练习
	星期四	上午		保险法规	学习保险法规基础知识
		下午		保险合规培训	了解公司合规部规定

时间			模块课程	学习项目	具体学习内容
第十三周	星期三	上午	保险基础知识与保险法规	自习课	查看保险法律法规
		下午		自习课	查看合规知识，答疑解惑
	星期四	上午		保险基础、客服、法规知识温习（1）	回顾基础、客服、法规学习情况，找出疑难点，讨论解决
		下午		保险基础、客服、法规知识温习（2）	回顾基础、客服、法规学习情况，找出疑难点，讨论解决
第十四周	星期三	上午		车险基础知识温习（1）	回顾车险学习情况，找出疑难点，讨论解决
		下午		车险基础知识温习（2）	回顾车险学习情况，找出疑难点，讨论解决
	星期四	上午		非车险基础知识温习（1）	回顾非车险学习情况，找出疑难点，讨论解决
		下午		非车险基础知识温习（2）	回顾非车险学习情况，找出疑难点，讨论解决
第十五周	星期三	上午		理赔基础知识温习（1）	回顾理赔知识学习情况，找出疑难点，讨论解决
		下午		理赔基础知识温习（2）	回顾理赔知识学习情况，找出疑难点，讨论解决
	星期四	上午		考试准备	考试要求及安排
		下午		演讲与准备	演讲要求及安排
第十六周	星期三	上午	考试准备与总结复习	答疑解惑	对考试知识点进行答疑解惑
		下午		答疑解惑	对考试知识点进行答疑解惑
	星期四	上午		培训演讲	场景练习，利用本学期学到的知识，准备培训课件，模拟培训演讲（主题自定，每人10~15分钟）
		下午		培训演讲	场景练习，利用本学期学到的知识，准备培训课件，模拟培训演讲（主题自定，每人10~15分钟）
第十七周	星期三		期末考核	车险出单考试	车险出单实操考试，以完成时间和准确率为综合考试成绩
				非车险出单考试	非车险出单实操考试，以完成时间和准确率为综合考试成绩
	星期四			期末考试	对本学期学到的内容进行综合的笔试
				考卷答疑	公布考试成绩，以实操和笔试成绩的综合排名选出优秀学员，解答考试中的问题

参考样本2：课程教学设计方案

下面是重庆财经职业学院金融类专业学徒班"家庭综合理财计划"（校企联合授课课程）的教学设计：

现代学徒制下"家庭综合理财规划"课程教学设计

一、课程概述

"家庭综合理财规划"是面向投资与理财专业大二上学期学生开设的一门专业核心课，是现代学徒制人培模式下的职业专门能力课、校企联合授课课程。课程共98学时，6个学分，对接企业理财经理、理财规划师岗位。

在投资与理财专业"四阶双轨"现代学徒制人才培养路径下，本门课程属于第二阶段"岗位轮训"阶段课程，由校内学生创业基地——金融服务工作室和××银行、××公司两家企业共同完成教学。

本门课程建设历经四个阶段，第一段为2015年前，属于传统教学阶段。第二段为2015—2016年，课程立项学校首批改革课程，开始实施"岗前培训—入岗应聘—岗位实战"的三段式教学，2016年学生获全国投资理财规划大赛一等奖。第三段为2017—2018年，此阶段加课程思政元素融入"三段式"教学，公开出版教材1部，建成在线开放课程并获学院教学成果奖三等奖。第四阶段为2018年至今，课程进行了基于现代学徒制新"三段式"教学改造，课程名由前期"个人理财实务"更名为"家庭综合理财规划"。2019年立项学校首批课程思政改革课程。

本门课程的知识教学目标可概括为"四熟"：熟知理财基本知识、熟识理财产品、熟悉理财方法、熟通理财规划流程。技能目标为"四能"：客户财务诊断分析能力、理财规划方案设计能力、理财规划方案撰写能力和持续理财服务能力。素质上主要培养"四商"：重诚信为核心的德商、强沟通为核心的语商，能抗压为核心的逆商、融团队为核心的情商。

在学情上，现代学徒班学生通常已具备较好的学习习惯和基础知识技能，学习风格大多为实践运动型，团队意识逐步建立，利于实施小组教学，同时对现代学徒制已有较深理解，已适应这一教育模式，有了职业规划初步设想，渴望感受真实职场。

二、课程教学设计

在教学内容上，校企现代学徒制双导师团队沿着"课程—模块—项目—任务—知识/技能点"的开发路径，最终确立本门课程教学内容为 3 个教学模块、10 个教学项目、25 个工作任务、103 个知识/技能点。通过 3 个模块教学，实现学生从单项职业能力到综合理财规划设计能力的培养。

在教学模式上，将教学过程分化为"岗前培训—入岗考核—岗位实战"三个阶段，岗前培训阶段由校内教师主讲、企业师傅辅教，利用学生分组设立模拟理财公司和学生创业基地——金融服务工作室两大平台辅助教学；入岗考核阶段对前期学习情况进行监测，设置两次考核机会，两次均不通过考核同学课程直接判定不合格。通过考核的同学进入"岗位实战"阶段，由学徒制企业师傅带领学徒为真实客户设计综合理财规划方案。具体见图 1。

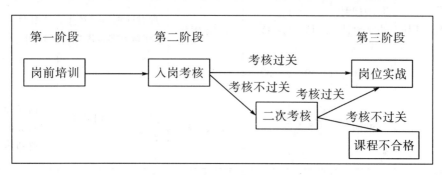

图 1　教学课程的三个阶段

在思政教育方面，在三个教学阶段分别挖掘课程不同思政映射点，采用品格测试、案例教学、情景模拟、企业师傅讲座等教学方式，确保为企业输送讲政治、有道德、守底线、会理财的金融职业人。

在考核体系设计上，构建"过程淘汰+四元评价"考核机制，由三个阶段的成绩加理财专业素养考核成绩构成学生本门课程最终成绩。在入岗考核阶段实施过程淘汰。课程考核评价方案具体见表 1。

表1　"个人理财实务"课程考核评价方案

考核方式	考核项目	分值/分	占比/%	考核形式	考核依据	评价主体
日常表现考核	学习态度	10	10	个人考核	出勤、作业上交、课堂纪律、课堂参与度	校内导师
	学习方式	5	5	个人考核	自主学习能力、合作学习意识和能力、探究性学习能力	校内导师
	学习效果	5	5	个人+团队	九大项目任务完成质量	校内导师
	合计	20	20			
入岗考核	理财知识	15	15	个人考核	知识作答正确率	教学团队
	单项理财方案设计与答辩	15	15	个人+团队	理财计算的正确性理财方案合理性	软件+校内导师
	合计	30	30			
理财专业素养考核	诚信	5	5	个人考核	在模拟公司中的表现	校内导师+团队成员+企业师傅
	沟通	5	5	个人考核	在模拟公司中的表现	校内导师+团队成员+企业师傅
	团队合作	5	5	个人考核	在模拟公司中的表现	校内导师+团队成员+企业师傅
	抗挫折	5	5	个人考核	在模拟公司中的表现	校内导师+团队成员+企业师傅
	合计	20	20			

金融类专业现代学徒制改革实践探索

表1(续)

考核方式	考核项目	分值/分	占比/%	考核形式	考核依据	评价主体
岗位实战考核	理财规划方案设计	30	30	团队考核	理财规划方案评分标准	企业客户理财经理

三、课程教学资源配备

首先,在教学团队方面,组建起一支课程负责人统筹、专家团队指导、校内导师实施、企业师傅协同的教学团队。在硬件环境方面,校内配备日常教学的理实一体教室、情景模拟室、校内创业基地,校外学徒制合作企业配备专门培训室、情景演练室、师带徒真实工作环境。在教辅资源方面,配备教学文件、教材、理财软件、企业案例集、在线课程平台等资源。

四、课程的教学方法

在岗前培训阶段,要求学生一开始提前分组成立模拟理财公司,在此基础上教师基于工作任务全程采用任务驱动、行动导向六步教学法,在具体实施中再根据各典型工作任务内容选择性嵌入案例教学法、思维导图教学法、头脑风暴法、角色扮演法、模拟教学法、业务体验法。在岗位实战阶段,师带徒模式下,企业师傅综合运用讲授、讨论、体验、演示、谈话教学、真实业务训练等方法开展教学。

五、课程教学改革关键点

1. 形成"三段式"教学模式

以学徒制合作金融机构员工入职流程为参照,提出"岗前培训—入岗考核—岗位实战"的"三段式"教学模式,按照"训—聘—战"的路径组织教学,校企共同确立教学内容,校内教师、企业师傅、社会客户等多元主体参与教学与评价,协同完成学生从知识的基础学习到综合应用、从单项理财规划到综合理财规划能力的提升。

2. 构建四维联动教学机制

在课程教学组织过程中,注重以"双导师"教学团队为助推器、理财业务软件为"模拟器",校内创业基地和校外学徒制企业基地为"演兵场",技能竞赛平台为"竞技场",形成"导师+软件+基地+比赛"四维联动的教学机制。

3. 构建"过程淘汰+四元评价"的考核体系

建立"过程淘汰"学习机制,强化学习过程激励与约束,通过"赛—考"对接,服务系部选拔和培养优秀技能大赛选手。构建"日常表现+专业素养+入岗测评+岗位实战"四维评价机制,采用教师考评、学生互评、软件测评、企业客户评价、企业理财专家评价相结合的评价机制,全方位考核测评学生专业理财规划能力和素养。

参考样本3：企业课程考核方案

下面是某公司制作的企业课程考核方案：

"企业轮岗实践"课程学徒考核方案

为充分发挥校企双方联合教学的优势，为企业培养更多高素质、高技能的应用型人才，同时也为学徒实习、实训提供更大空间，实现现代学徒制人才培养目标，提高人才培养质量，在平等自愿、友好协商的基础上，校企双方共同制定以下学徒考核方案。

一、目的、宗旨

通过"企业轮岗实践"课程学徒考核方案的实施，激发学生（学徒）学习积极性，营造积极进取、学习先进的良好氛围，引导学生爱岗位、学技术，提升岗位工作技能，通过考核确保学徒达到岗位操作要求。

二、课程考核办法

学徒最终考核成绩由两部分组成，即阶段性考核成绩和终极性考核成绩。其中阶段性考核的三个培养阶段考核分值占比均为20%，累计占比为60%，终极性考核占比为40%，总分为100分。

（一）课程阶段性考核（见表1）

表1　课程阶段性考核

培养阶段	学习内容	考核方式
岗前培训 （第1~2周）	知识培训 与同事交流学习，明确职责 参与团队活动	知识考核+师傅评定
轮岗学习 （第3~7周）	岗位技能培训 关键岗位跟岗学习 专项知识学习	师傅设置问题，学徒提供相应解决方案，一对一通关模拟

表1(续)

培养阶段	学习内容	考核方式
技能实练 (第8~13周)	岗位专项实操 意向客户的沟通技巧 产品知识巩固	师傅根据综合表现评定

（二）课程终极性考核

学徒终极性考核成绩由两部分组成，即面试和笔试，两者各占50%。

1. 面试：设门店风控部主任和业务部主任为面试通关关主，设置问题，根据学徒的回答内容、熟练程度和思路分析做出学徒成绩判定。

2. 笔试：设置考卷。考题内容分填空题、选择题、判断题和简答题。根据学徒试卷作答做出成绩判定。答题时间为40分钟。

三、考核结果应用

将阶段性考核加终极性考核成绩作为评定标准，评选出三位优秀学徒，发放证书和300元奖金。

由于金融类专业学生接触金融利润、金融套利、投资组合管理等知识频繁，而这些知识的共同点都是让学生懂得如何控制风险的同时实现最大化收益，很容易让学生树立"金钱至上""利润至上"的观念，因而课程思政的教学非常重要。

参考样本4：课程思政教学方案

下面是重庆财经职业学院"证券市场基础"课程思政教学方案：

"证券市场基础"课程思政教学方案

一、课程思政元素挖掘

（1）正确的金钱观与价值观。由于证券市场独有的特征，在讲授该本课程时，如果不能正确引导，学徒会很容易形成只追求个人财富的狭隘金钱观，甚至会利用所学专业知识进行违法交易来获取不正当收益。因此，应挖掘课程中正确的金钱观与价值观元素。

（2）风险意识与金融素养。证券投资是风险投资，因此，在课程思政元素挖掘中，要特别强调投资的风险性和金融素养，引导学徒养成正确投资习惯。

（3）高度社会责任感。金融行业从业者处于国民经济核心部门，大多数都与货币、有价证券打交道，如果没有正确的金钱观、价值观，就很容易被金钱和利益腐蚀，走向违法犯罪的道路。因此，要着重挖掘金融行业从业者优良品质、高度社会责任感的元素，培养学徒的高尚职业道德及优良品质。

二、课程思政映射与融入点

根据上述课程思政元素挖掘以及对课程内容的分析，本门课程拟采取"五以五培"式课程思政教学模式，有力促进思想政治教育融入课程教学。

（1）以"世界历史大事件"作为融入点，培养"爱国情怀"。一方面，通过我国证券市场发展与国际市场发展的对比，让学徒加深对中国特色社会主义道路的认识，树立道路自信，培养爱国情怀；另一方面，结合金融大事件，让学徒切身体会到个人命运与国家命运休戚相关，应该把国家与民族放在第一位。

（2）以"支付宝等的公益事业、著名投资人的人生经历"为融入点，培养"社会责任感"。通过对支付宝的公益事业、著名投资人的人生经历进行分析，培养学徒今后无论是作为创业者还是作为投资者，都具有高度的社会责任感。

（3）以"投资案例及辩论赛"为融入点，培养"高尚价值观、正确金钱观"。通过对著名投资人的人生经历分析以及辩论赛，引导学徒加强专业技能的学习，不断提高专业技术和专业能力，树立终身学习理念，而不是一味追求短期盈利目标。

（4）以"基金经理、企业家的经历"为融入点，培养"积极人生态度、竞争和创新意识"。以著名基金经理、企业家的人生经历和心路历程影响学徒，引导学徒培养良好的心理素质、健全的人格、坚强的意志，增强竞争意识、创新意识。

（5）以"金融从业人员违法或失职事件"为融入点，培养"职业道德和工作责任心"。通过操纵市场、内幕交易、老鼠仓等违法案例分析，培养学徒证券从业相关的职业道德。

课程思政映射与融入点见表1。

表1 课程思政映射与融入点

序号	授课要点	思政映射与融入点	教学方法	预期成效
1	证券市场参与者	金融从业人员违法或失职事件	信息媒介、情境分析	树立法律意识、增强职业操守
2	证券市场产生与发展	我国证券市场发展现状	案例分析、小组讨论	培养爱国情怀、树立道路自信
3	认识股票	阿里巴巴的崛起	信息媒介、案例分析	培养积极的人生态度、增强竞争意识、创新意识
4	影响股票价格的因素	金融大事件分析	信息媒介、课堂讨论	培养爱国情怀、增强创新意识
5	影响股票价格的因素	操纵市场、乌龙指	信息媒介、案例分析	提高职业素养、树立法律意识
6	股票交易	索罗斯：魔鬼还是勇士	信息媒介、课程讨论	树立终身学习理念、增强社会责任感

表1(续)

序号	授课要点	思政映射与融入点	教学方法	预期成效
7	学徒应不应该炒股	学徒应不应该炒股	辩论赛	增养正确的价值观、金钱观
8	基金当事人	金牌基金经理的人生	信息媒介、课堂讨论	培养积极的人生态度、增强竞争意识、责任意识
9	基金的种类	基金理财规划	信息媒介、课堂讨论	增强社会责任感、树立正确的金钱观
10	金融期货市场	巴林银行倒闭事件	案例分析、课堂讨论	提高职业道德、树立法律意识
11	各有价证券的比较	银行理财产品推介	角色扮演、信息媒介	提升职业素养

三、教学团队

教师是教学的实施者，是将工作岗位技能和职业标准转化为教学语言的执行者，教师的素质对教学模式是否执行到位、教学效果是否达到标准起着决定性的作用。因此，本课程在组建教学团队时，一是在校内选拔具有丰富证券理论知识及证券交易经验的教师，并鼓励教师参与证券公司的岗位实践，熟悉证券公司的业务流程和岗位要求，提高教师的实训授课能力和综合能力；二是选聘现代学徒制教学辅助单位××证券公司的骨干员工和一线员工作为企业师傅，保证实践教学活动的有效进行，同时向学生传递证券公司所要求的相关职业素养以及专业技能。校内教师和企业员工共同根据本课程定位要求，明确课程目标，重构课程内容，制订课程标准、教学组织方案和考核方案等。

四、教学要求

一是应组织校内教师每年到证券公司、期货公司等金融行业企业实践一个月以上，在提升专业实践能力的同时，体会金融行业对人才的素质要求，发掘现实教学案例。引入课程思政元素时避免空洞说教，这样有利于降低学生的逆反心理，增强教学效果，达到思政育人的目的。

二是邀请企业专家进课堂授课4次以上，在讲解证券专业知识的基础上，传递证券行业的职业道德、职业操守、职业精神。

三是通过现代学徒制校企合作延展课堂。现代学徒制校企双导师队伍需在暑期共同带领学生开展"三下乡"金融志愿服务活动，向社区居民普及正确的财富观，增强其金融风险意识、法律意识等，通过此活动进一步强化育人效果。

第四节　导师篇

校企共建双导师队伍在现代学徒制人才培养中起着至关重要的作用。《教育部关于开展现代学徒制试点工作的意见》指出，"现代学徒制的教学任务必须由学校教师和企业师傅共同承担，形成双导师制"。《教育部办公厅关于全面推进现代学徒制工作的通知》中明确提出，"推广学校教师和企业师傅共同承担教育教学任务的双导师制度，校企分别设立兼职教师岗位和学徒指导岗位，完善双导师选拔、培养、考核、激励等办法，加大学校与企业之间人员互聘共用、双向挂职锻炼、横向联合技术研发和专业建设的力度，打造专兼结合的双导师团队"。双导师作为现代学徒制的关键角色，承担着学徒制的技能教育主体的功能，对保证学生培养质量与提高实践水平起着关键性作用，直接影响着人才培养的质量高低和现代学徒制开展的顺利与否。

一、双导师团队的选拔与聘任

对于二元现代学徒制模式，双导师团队由校内导师和企业导师组成。校内导师主要以集体授课形式承担理论知识的传授和综合素养的培育指导，企业导师主要通过师带徒结对的形式承担学生技能实操的培养与指导。通过"双导师"的共同指导，将学生的理论与实践学习结合起来，强化职业能力和职业素养的培养，从而实现高素质技术技能型人才的培养目标。双导师教学团队的能力条件、带徒积极性等因素将直接影响到学徒培养质量，因此，双导师团队的选拔和组建显得尤为重要。

双导师团队的组建，要充分考虑校内导师与企业导师的职业能力情况，按照优势互补、人员平衡的原则，进行合理配置。对于校内导师来说，应优先选拔师德高尚、有强烈的工作责任心、有丰富的专业理论知识和教学方法以及有一定企业工作经历的骨干教师。对于企业导师来说，应优先选拔具备良好的职业道德情操、丰富的行业从业经验和过硬的专业实践操作技术的骨干员工。校企应明晰学徒制中双导师的聘用条件与选拔标准，确定什么样的人才规格才适合做导师，同时应依照导师不同的职业能力层次、具备的技能水平层次等建立不同层次水平结构合理的现代双导师队伍。

重庆财经职业学院金融学院在现代学徒制改革过程中，学校和企业共同出台了《现代学徒制"双导师"选拔管理办法》，明确了专业校内导师和企业师傅的构成及选拔标准。

1. 校内导师选拔标准

专业现代学徒班的校内导师由学院优秀教师担任。选拔标准为：

（1）遵守国家的法律、法规以及方针政策，坚持四项基本原则；

（2）具有"双师素质"的专任教师，具有研究生及以上学历，年龄在 25～60 岁，身心健康；

（3）具有一年及一年以上金融行业或营销岗位工作经历，对企业文化有较强的认同感和深刻的理解，熟悉所任课程涉及的岗位工作对知识、技能和基本素质的需求；

（4）具有良好的职业道德和团队意识，能服从学校的教学管理，遵守企业和学校的各项教学规章制度，积极参与现代学徒制试点工作，责任心强；

（5）教学能力和水平受到同行和学生的肯定与好评，教学质量在金融学院排名前 50%，且愿意开展教学改革，具有较好的课程开发与实施能力。

2. 企业导师选拔标准

现代学徒班的企业导师团队人员分为三类：企业大师、企业讲师、企业师傅。企业大师为企业高级管理人，企业讲师为企业专职培训师，企业师傅为部门管理人、团队经理（主管）或业务精英。企业导师团队的构成为：1/3 的企业大师/企业讲师，负责学徒在企业的企业认知、职业技能、企业文化、规章制度、职业规划等方面的培训；2/3 的企业师傅，负责为学徒提供岗位认知、职业素养、专业知识、岗位技能等方面的指导和对接。

（1）企业大师的选拔标准为：

①遵守国家的法律、法规以及方针政策，坚持四项基本原则；

②具备金融、经济或管理类本科及以上文凭，拥有扎实的金融理财、营销、管理等理论基础知识和实战经验，在公司担任支公司总经理及以上职务，行业工作经历不少于 5 年；

③主动积极推进专业建设、科学研究和人才培养，在促进学徒制校企合作等方面能发挥重大作用。

（2）企业讲师的选拔标准为：

①遵守国家的法律、法规以及方针政策，坚持四项基本原则；

②具有良好的职业道德和团队意识，能服从企业和学校的教学安排，遵守企业和学校的各项教学规章制度；

③具备金融、经济或管理类本科及以上文凭，拥有扎实的金融理财、营销、管理等理论基础知识和专业技能，在公司担任部门经理或从事专业培训师工作，且工作经历不少于2年；

④思想品德良好，热心为学徒制班的教学、科研、管理及专业建设和发展服务。

（3）企业师傅的选拔标准为：

①遵守国家的法律、法规以及方针政策，年龄在25~60岁，身体健康的企业在职员工；

②具有良好的职业道德和团队意识，能服从企业和学校的教学安排，遵守企业和学校的各项教学规章制度；

③具备金融、经济或管理类专科及以上文凭，拥有扎实的金融理财、营销、管理等理论基础知识和专业技能，有丰富的实战经验；在公司担任团队经理、业务主管等职务（工作业绩特别突出者可无相应职务），从业经历2年以上；

④思想品德良好，热心为学徒制班的教学、科研、管理及专业建设和发展服务。

二、双导师团队的职责界定

明晰校内导师与企业导师在培养学徒中应承担的责任与义务，进行合理的职责划分，是"双导师"师资队伍建设的关键环节，有利于现代学徒制的顺利实施。"双导师"育人机制下，校内导师和企业导师共同承担专业教学任务、指导实习实训等工作，在教育教学的各个阶段发挥不同的职能作用，共同助力人才培养目标的实现。校内导师和企业导师在课程教学、第二课堂、专业实践、社会服务、技能比赛、企业实习等工作上协同配合，又各有侧重。

校内导师熟悉教育规律与指导技巧，拥有丰富的专业理论知识和教学方法，主要在专业认知、专业课程理论教学、校内课程实训教学、毕业论文指导、教学资源开发、课程改革实施等环节发挥主导作用，其培养学生的职责更加侧重于提升学生学习能力，引导学生掌握良好的学习方法，更加高效地学习专业理论知识，更加熟练地掌握专业知识，以便于在实际操作中运用；企业导师拥有丰富的实践操作能力和实践经验，主要在学生的行业基本技能训练、岗位实践课程指导、职业规范养成、岗位能力训练、行业发展规划引领等环节发挥主导作用，注重培养学生的专业素质和职业行为，将学校的理论知识转化为学生的实践能力，助推学生完整职业能力的训练与成型。

重庆财经职业学院金融类专业现代学徒班校内导师的职责包括：

（1）与企业导师加强交流与合作，负责实施学生（学徒）日常教学和管理工作，严格执行学校和企业的有关教学管理规章制度，指导企业导师完成教学工作任务；

（2）与企业导师共同开发基于工作过程的专业课程，开发基于岗位工作内容、融入国家职业资格标准的专业教学内容和教材，负责现代学徒制班基础技术技能课程教学的设计与实施，完成对学生（学徒）的课程考试、考核和成绩评定工作；

（3）负责收集和整理学生（学徒）日常教学和管理过程中的相关材料，及时听取收集学生（学徒）的意见和建议，加强与学生、企业的交流，不断调整和完善教学方式方法；

（4）到企业一线岗位进行实践锻炼，熟悉企业工作流程及岗位工作任务，与企业导师进行教学研讨、教学经验交流，开展现代学徒制的相关课题研究，及时总结和积累经验；

（5）协助学校和企业对学生（学徒）开展职业道德、职业精神等职业素质教育，督促学生（学徒）遵守学校和企业的规章制度；

（6）积极参加企业的技术革新、产品研发等工作，帮助企业解决经营中的实际问题。

重庆财经职业学院金融类专业现代学徒班企业导师的职责包括：

（1）企业大师应与校内导师加强交流合作，共同修订专业现代学徒班的人才培养方案；

（2）企业大师、企业讲师与校内导师共同开发基于工作过程的专业课程，开发基于岗位工作内容、融入国家职业资格标准的专业教学内容和教材，负责试点专业岗位技术技能课程教学的设计与实施，完成对学生（学徒）的课程考试、考核和成绩评定工作；

（3）企业师傅带领学徒进行岗位教学和实践，每位企业师傅带徒数量一般在3~5名，最多不超过5名；

（4）企业师傅根据教学需要和学生（学徒）特点，安排学生（学徒）工作岗位，分配学生（学徒）工作任务，向学生（学徒）传授岗位实践经验，完成对学生（学徒）的岗位工作考核和评定工作，及时反馈学生（学徒）工作任务完成效果、工作状况等；

（5）企业师傅负责学徒毕业设计的指导工作，对毕业设计中涉及的岗位技能、技术难点进行具体指导；

（6）企业大师、企业讲师、企业师傅协助学校和企业对学生（学徒）开展职业道德、职业精神等职业素质教育，传承企业文化，督促学生（学徒）遵守学校和企业的规章制度；

（7）企业讲师、企业师傅积极参与学校的教学教改、课程建设、专业建设，参与现代学徒制相关课题研究，及时总结和积累经验。

三、双导师团队的培养

双导师团队的持续培养是建立高素质现代学徒制师资队伍的关键。校企双方是"双导师"的培养主体，按照现代学徒制人才培养的内在要求，应坚持校企"共同培养、互聘共用、双向流动"的原则对双导师进行系统培养和科学管理，通过提升教育理念、增强教学技能、提高技术实践能力等方式，培养具有先进的职业教育理念、熟练的职业教育教学方法、丰富的实践操作经验的高素质"双导师"队伍。

校企应共同制定"双导师"队伍建设整体规划和培养方案，明确职业院校与金融机构在双导师培养上的职责以及校内导师和企业导师的培养目标、培养途径及培养内容等。校内导师和企业导师需具备的能力不同，对其的培养目标和培养途径也会有所不同，校内导师的培养应重在"职业能力"的提升，而企业导师的培养则重在"执教能力"的增强。

1. 校内导师的培养路径

校内导师作为现代学徒制双导师教学团队中的一元，是现代学徒制的人才培养质量的关键影响者。校内导师的专业理论知识丰富但社会实践能力比较薄弱，因此校内导师的能力目标的培养以提升其师德职业素质和职业技能实操能力为主。一是应加强教师实践教学能力与社会服务能力的培养力度，通过安排校内导师到企业顶岗实习、挂职锻炼等途径，提升其对企业岗位的实践认知和岗位实操技能，使他们在教学中能够做到理论教学与实践教学有效结合，提高自身的"职业能力"，将他们打造成真正意义上的"双师型"教师。校内导师通过顶岗实践，循序开展岗位认知、技术观摩、顶岗实操、技能训练等实践学习活动，熟悉相关岗位职责、核心能力和工作标准等，养成职业意识，促进理论与实践知识的融会贯通，形成完整的职教能力。二是通过选派校内导师参加国内外学术交流与技术培训、邀请行业和企业专家走进校园共同进行教学研讨及专业讲座等，使校内导师学习先进的职业教育新知识、了解前沿技术和新方法，拓宽其专业视野，提高其实践能力和专业素养，从而进一步提升其教学效果。

2. 企业导师的培养路径

企业导师是培养学徒职业岗位技能的主要导师。由于长期在企业一线工作，企业导师大多具有较强的实践能力，但是专业知识系统性不强及教学经验欠缺，因此企业导师能力目标的培养以提升其师德风范和职业教育教学能力为主。一是定期组织企业导师以短期面授的方式参加系列职业教育理念和现代学徒制教学设计等专题培训等，使企业导师了解现代职业教育的特点，熟悉高职学生的学习心理特点，掌握基本的教学知识和技能，以提升其职业教育理念和职业教育教学水平。二是组织学校教师与企业师傅共同参与公开课、示范课、教学研讨等校企联合教研活动，使企业导师了解如何优化教学内容、开展教学设计、实施教学过程，促使企业导师更好地进行角色转换，完成教学任务，提高教学质量。三是校企双方安排教学经验丰富的校内导师与企业导师实现"一对一"的帮助指导，以快速提升企业导师的执教水平。

重庆财经职业学院金融学院在现代学徒制双导师队伍培养方面，与企业共同制定了较为完善的管理办法，明确了培育校内导师和企业导师的培养路径。

一是成立"双室"的双导师培养平台。成立由学校专业带头人牵头的"教学名师工作室"和由企业专业带头人牵头的"技能名师工作室",搭建校内导师和企业导师的互动交流平台。"双室"的工作重点为双导师的培养与交流,教学名师工作室重点职能为双导师教学能力的培养,技能名师工作室重点职能为双导师实践能力的提升。通过"双室"这两个互动交流平台开展教学、实践交流活动,校内导师与企业导师互相学习,取长补短,从而提高了整个教学团队的执教能力和综合素质,确保了现代学徒制的人才培养质量。

二是实施校内导师"三师培养"工程。实施"青师、优师、名师培养计划",打造层次分明、结构合理的三级递进校内导师教学梯队,为校内导师从教学经验有限的"青师"成长为教学经验较丰富、教学能力和实践能力较强的"优师",再成长为教学能力和实践能力突出、在全国或市内具有一定影响力的"名师"提供保障。

三是实施双导师"特色团队培育"工程。依托国内外培训、技能竞赛、金融服务工作室平台,充分发挥和挖掘双导师教学团队成员的优势和特长,打造由校内导师和企业导师共同组成的 3 支特色团队,即"专业行业带头人团队""技能竞赛指导教师团队"和"社会服务团队"。

四是实施双导师"职业素养提高"工程。学校将双导师培养培训纳入师资队伍建设整体规划,定期组织校内导师和企业导师参与职业教育理念、教学设计、教学方法、教学资源建设等专题培训;学校建立了教师到行业企业挂职锻炼、跟岗实习的长效机制,依托重庆市"双千双师"人才交流计划,派遣校内导师到企业挂职锻炼。通过双导师"职业素养提高"工程,促进双导师队伍"知识技能融合",提升双导师职业素养,提高双导师的教学能力和水平。

四、双导师团队的考核与激励

双导师评价考核与激励制度,是现代学徒制双导师教学团队建设体系中不可缺少的组成部分,亦是促进双导师队伍规范化、专业化发展的必要措施。常态化考核与激励机制的建立,对于完善现代学徒制校企"双导师"的团队建设,促进团队成员成长尤为重要。校企双方协同,合力构建规范合理、行之有效的考核和激励机制，有助于组建专兼结合、梯度合理、业务精炼的高质量双导师团队，引导整个双导师团队良性发展，促进现代学徒制教学模式的有效运行，提高人才培养质量。

校企应共同制定现代学徒制双导师考核评价标准，明确校内导师和企业导师的考核主体、考核方式和考核内容等。在考核评价主体上，学校与金融机构要联合参与校内导师和企业导师考核的工作，校企共评，全过程进行实际记录，保证双导师队伍的成长实效；在考核评价方法上，应采取过程性评价和总结性评价结合、质性评价和量化评价结合等方式；在考核内容上，应对校内导师和企业导师的考核评价采用不同的考核评价内容和尺度，各有侧重。对校内导师的考核主要将校内课程教学业务水平、学徒在校日常管理、参与现代学徒制课程资源开发、企业实践和技术服务、学生学习档案的整理归档情况等纳入考核范围，对企业导师的考核主要将在企岗位课程的教学业务水平、岗位技能的培训指导、学徒在企日常管理等纳入考核范围。应将考核结果记入双导师业务档案，并分别纳入校企年终绩效考核之列，作为校内导师获得专业技术职务晋升及企业导师获得职位晋升的重要依据。对于考核优秀者将发放物质和精神奖励，并给予在同等条件下享有优先进修、交流学习、培训等权利。无论是校内导师还是企业导师，对于考核评价不合格者，都应取消其现代学徒制导师资格。

在现代学徒制试点改革过程中，重庆财经职业学院金融类专业和企业共同制定了较为完善的双导师考核和激励管理办法，有效激发了双导师教学团队的发展潜能。

1. 校内导师的考核与激励

（1）校内导师的考核工作每学年年末由学校和企业领导小组组织完成。考核等级分为优秀、合格和不合格，其中优秀比例不高于15%。优秀校内导师颁发获奖证书并给予物质奖励。

（2）校内导师考核由学生评教、学院评价、企业评价三部分构成，考核内容包括导师师德、教学规范、课程设计、教学效果、教学改革与研究、学生（学徒）在校日常管理以及导师的企业实践与社会服务等。

（3）校内导师的带徒经历、企业实践和技术服务纳入教师考核并作为晋升专业技术职务的重要依据。

（4）对考核不合格的导师，取消其现代学徒制校内导师资格。

2. 企业导师的考核与激励

（1）校企按照过程性评价与终极性考核相结合的原则联合对企业师傅实行双主体考核。优秀企业导师颁发获奖证书并给予物质奖励。

（2）考核内容包括企业导师教学业务水平、岗位技能的培训指导能力、学徒在企日常管理与职责履行情况、师傅工作成效等，考核结果记入师傅业务档案。考核细则由校企双方共同具体制定并执行。

（3）企业将师傅承担的教学任务和带徒经历纳入企业员工业绩考评并作为晋升职位的重要依据。

（4）考核合格者，企业大师进校进行培训或讲座的，按照《重庆财经职业学院培训费管理办法》和《重庆财经职业学院劳务报酬开支暂行办法》执行；企业讲师，不支付底薪，其授课酬金按 100 元/课时标准支付；企业师傅带徒津贴按 30 元/学徒/天进行补贴。

（5）对考核不合格的师傅，取消其现代学徒制企业师傅资格。

参考样本 1：企业师傅遴选评分表

企业师傅遴选评分表

遴选对象：　　　　　　　　　所在企业：

考核项目	具体标准及分值	得分
学习经历	具有金融、经济或管理类专科及以上学历（10分）	
从业经历	金融从业年限 2 年以上（10分）	
职业素养	爱岗敬业、具有较高职业道德（10分）	
	尊重领导、尊重同事、尊重客户（10分）	
业务能力	工作积极主动，绩效考核出色（10分）	
	善于学习，愿意承担金融业务传授任务（10分）	
组织纪律	遵守企业规章制度、遵守业务操作流程（10分）	
	对违章违纪问题勇于说不（10分）	
协调能力	沟通能力强，与同事、客户关系和谐（10分）	
	具备真诚服务精神（10分）	
加分项	具有职业资格证书酌情加 1~5 分	
	具有金融、经济或管理类本科及以上学历酌情加 1~5 分	
	获得优秀员工等称号或竞赛获奖者酌情加 5~10 分	
合计得分		
打分人签字：		

年　　　月　　　日

参考样本 2：企业师傅年度考核表

企业师傅年度考核表

企业/部门：　　　填报时间：　　　考核时限：　年　月至　年　月

导师姓名			所带学徒姓名		
考核内容					

	序号	内容	本栏满分	考核得分
学徒评价（40%）	1	是否爱岗敬业、以身作则、树立榜样	10	
	2	是否关心学徒的生活、学习、工作情况	10	
	3	是否拥有丰富的专业理论知识及实际操作能力	10	
	4	是否能时时与学徒进行思想交流	10	
	5	是否具备岗位所需其他相关领域丰富的知识与技能	10	
	6	是否能在学徒产生疑问时，及时给予解答	10	
	7	是否能够通过传授有效工作方式，达成工作目标	10	
	8	是否能在学徒工作中发现问题，并能及时指导改进	10	
	9	是否能在工作中鼓励学徒创新，并给予尝试改进机会	10	
	10	是否对学生的职业生涯规划给予建议	10	
		学徒评价考核得分		
	序号	内容	本栏满分	考核得分
学校评价（20%）	1	职业道德与职业精神	20	
	2	课程设计与传授能力	20	
	3	学徒日常管理与职责履行情况	20	
	4	与学校导师交流合作情况	20	
	5	工作业绩与社会服务	20	
		校内评价考核得分		

	序号	内容	本栏满分	考核得分
企业评价（40%）	1	职业道德与职业精神	20	
	2	工作业绩与工作成效	20	
	3	教学业务能力	20	
	4	学徒日常管理	20	
	5	学徒工作表现	20	
		企业评价考核得分		

最后考核得分		考核等级	
所在学院负责人意见			
所在企业负责人意见			
备注			

金融类专业现代学徒制改革实践探索

第五节　学徒篇

现代学徒制学徒双重身份的特点，决定了学徒必须接受学校和企业的双重管理。如何构建分工明确、相互配合的学徒管理机制是现代学徒制校企合作的重要任务。参与学徒培养的校企双方应根据人才培养目标、培养场所、培养内容、培养形式等，合理分配双方管理任务，保证学徒基本权益。

根据管理工作内容，整个学徒管理体系可主要分为学业管理、安全与心理健康管理、日常管理三大部分。

一、学徒学业管理

现代学徒制工学交替的特点决定了学徒的学习场所将在学校和企业之间进行交替，在不同的学习场所应采取不同的学徒学业管理模式。

1. 校内学习管理

学徒在校内学习期间，应该与普通学生一样，自觉遵守学校的各项规章制度，参加学校组织的各种活动，努力提升专业能力和综合能力。同时，学徒也应积极参加企业在校内组织的讲座等各项学习教育活动，主动接受企业师傅的指导。

2. 企业学习管理

企业学习是现代学徒制人才培养的关键环节。由于企业学习涉及学校、企业和学徒三方，情况相比学校学习来说更为复杂。因此，对学徒在企业学习期间的管理应该做到以下几点：

（1）统一思想认识

校、企、生三方要统一对企业学习的思想认识，提前做好企业学习方案及安排。学校要选派带队教师与学生一起深入企业，对学生进行思想教育和心理健康教育；带队教师要时刻关注学生在企业的学习情况及存在的问题，与企业保持密切联系。企业要安排专人做好学徒学习期间的出勤、考核、住宿等方面的管理；企业师傅要对学徒进行岗位技能指导和职业素养引导。学徒要摆正学生和学徒身份，自觉遵守学校和企业的管理制度，维护学校和企业利益；要抓住轮岗学习的机会，学习岗位技能，提升职业素养。

（2）发挥班委会作用

学徒集体进入企业学习以后，要充分发挥班委会作用。班长要经常组织班委成员会议，研究和处理日常出现的问题；要及时将本班的情况向带队老师汇报，贯彻学校的要求；要全面管理本班的各项事宜。纪律委员要检查和制止学徒在企业学习期间是否有违反校纪、企业制度和国家法规等方面的情况；一旦发现以上情况及时向班长汇报。生活委员要检查、督促学生住宿中安全、防火、防盗、卫生等方面的事宜。心理委员要时刻关注学徒心理状态，引导学徒保持积极向上心态。若发现问题，须及时向班长和带队老师汇报。

（3）建立信息化管理平台

由于企业学习期间，学生可能分散在不同的岗位甚至不同的工作地点，所以进行线下集中管理较困难。因此，可以借助信息化管理平台，对学生企业学习进行线上远程管理。通过该平台，可以掌握学生的出勤情况、学习收获和存在的问题，也可对学生进行在线指导，还可以反映企业师傅的指导情况。

（4）实行目标管理，建立激励机制

必须根据人才培养方案中企业学习环节的任务要求，确定企业学习的管理目标，如学生出勤天数、岗位业绩，带队教师、企业师傅等的指导次数、具体指导方法、指导次数、预期效果等。在企业学习前将这些具体的管理目标编印成文件，要求学生和指导老师按要求执行，并按时间节点实施过程考核。对于学生，企业要保证他们的基本权益，要根据教学需要合理安排岗位，分配他们力所能及的工作任务。在企业学习过程中，企业应根据学徒表现为学生提供一定的劳动报酬，以减轻学生经济上的负担，使得学生能更专注于企业学习。

二、学徒安全与心理健康管理

1. 人身安全管理

（1）开展人身安全教育

校企双方应将对学徒进行安全教育作为一项经常性工作，积极开展安全教育，普及安全知识，增强学徒的安全意识和法制观念，使其提高防范能力。

学徒安全教育应根据学徒的特点，从招生招工开始，在各种教学活动和工作中，特别是节假日前适时进行，并善于利用发生的安全事故教育学徒，防患于未然。

（2）加强安全防范与管理

学徒在日常教学、各项活动及工作中，应严格遵守国家法律、法规和学校、企业各项规章制度，听从指导，服从管理。在公共场所，学徒要遵守社会公德，增强安全防范意识，提高自我保护能力。辅导员和企业师傅要加强安全监管，根据学徒学习环境和工作特点，组织对学徒安全进行日常检查。

（3）购买相关保险

为保障学徒的合法权益，学校要为学徒统一购买学平险，企业要为学徒购买人身意外保险，确保学徒在学校和企业学习期间的人身与财产安全。

2. 心理健康管理

由于学徒具有双重身份，其学习环境常在学校和企业之间更换，学习内容也在理论与岗位技能之间交替，学徒可能会存在无法适应、学习困难等心理问题。因此，校企双方须注重心理疏导和心理健康管理，引导学徒注意保持健康的心理状态，帮助学徒克服各种原因造成的心理障碍，把事故消除在萌芽状态。

三、学徒日常管理

1. 考核管理

建立科学有效的学生考核评价体系是现代学徒制改革的一项重要内容，可以在一定程度上调动学生的主动性与积极性，培养学生的社会责任感、创新精神和实践能力，促进学生的全面发展和可持续发展。

（1）考核原则

①公开公平公正原则。应向学生（学徒）明确说明考核内容、标准、程序、方法等，确保考核工作的透明度。对学生（学徒）的考核要以客观事实为基本依据，考核人员必须公平合理，严肃认真。同时，为保证考核民主，考核的结论应及时对本人公开。

②全面考评原则。应从多方面、多渠道、多层次、多角度、全方位进行

立体考核。在考核过程中，既要考核学徒的理论知识，又要考核学徒的技能和素质，将培养学徒的专业技能和综合能力作为考核重点。

③终结性评价与形成性评价相结合原则。应根据金融类专业特点，结合职业岗位（群）对应的职业标准，设计考核项目。终结性评价可以对学徒阶段性学习的质量做出结论性评价。形成性评价重在激励学徒学习，帮助学徒有效调控自我学习过程，使学徒获得成就感，最终"从被动接受评价转变成为评价的主体和积极参与者"。

（2）考核主体构成

在现代学徒制模式下，教学考核主体可以由多类人员构成。在重庆财经职业学院金融类专业现代学徒制实践中，对学徒的日常考核主要由以下人员构成：企业师傅、学校导师、辅导员、班导师。同时，企业人事部门负责辅助考核，第三方的专业考核机构与企业共同负责学徒的出师考核。在某些实践性较强的课程中，客户也成为课程考核的一方主体。

（3）考核内容

为契合学徒制企业对金融人才的实际需求，确保学徒毕业即可上岗，现代学徒制考核评价体系应以职业标准为参照，以岗位核心能力考察为重点，综合考量学徒职业道德、职业素养、学习态度等情况。

在重庆财经职业学院金融学院，针对学徒岗位初识、岗位轮训、岗位实战三个阶段，构建了分段式考核体系。具体考核内容和考核方式见表4-6。

表4-6　现代学徒制分段考核体系

考核阶段	考核项目	考核内容	考核方式
岗位初识阶段、岗位轮训阶段	校内课程考核	见课程标准	过程考核+期末考核
	企业课程考核	见课程考核方案	业绩+操作+面试
	技能提升考核	学生参加专业技能竞赛及职业资格证书考试情况	学生参加专业技能竞赛或职业资格证书考试即可得基本分60分。学生如若参加专业技能竞赛并获奖可获对应奖项加分（见表4-7），考取职业资格证书可获得对应加分（见表4-8）。技能提升考核最终得分不得超过100分

表4-6(续)

考核阶段	考核项目	考核内容	考核方式
岗位初识阶段、岗位轮训阶段	社会服务考核	学生参加社会服务情况	学生按时参加班级、学院或学校组织的社会服务项目即为60分，少参加一次扣2分。学生自愿参加志愿者服务、"四点半公益课堂"等可获得社会服务考核加分（见表4-9）。社会服务考核最终得分不得低于0分或超过100分
	校内导师考核	学生的综合表现	学生自评、学生互评以及导师根据学生岗位初识阶段表现考核
	企业师傅考核	学徒的综合表现	企业师傅根据学徒岗位初识阶段表现考核
岗位实战阶段	定岗考核	固定岗位上的行为规范、工作质量	人事部门和企业师傅根据学徒岗位实表现评分
出师考核	终极职业能力考核	见学徒出师考核方案	笔试+面试+实操

说明：出师考核结果分为A、B、C、D四个等次。其中，考核结果为A等的学徒，可获得优秀学徒专项奖励并优先选择工作岗位；考核结果为D等的学徒，不予出师，也不予推荐工作。考核结果为B和C的学徒发放学徒合格证书，并可推荐工作。

学生参加金融与证券投资模拟实训大赛等技能竞赛，提升专业技术技能，应给予加分，具体分值见表4-7。

表4-7 专业技能竞赛获奖加分

奖励级别	一等奖	二等奖	三等奖	优胜奖
院级	5	4	3	2
校级	9	7	5	3
区（县）级	15	12	9	6
省（部）级	25	20	15	10
国家级	100	60	30	15
国际级	200	150	100	50

学生通过证券从业资格考试等金融行业职业资格证书考试，应给予加分，具体分值见表4-8。

表4-8　考取职业资格证书加分

证书级别	初级	中级	高级
加分/分	10	15	30

学生积极参与金融知识普及宣传，"四点半公益课堂"等社会服务，将金融知识传播给更多的人，应给予加分，具体见表4-9。

表4-9　参加社会服务加分

活动级别	班级	系级	院级	区（县）级	省（部）级	国家级
加分/分	1	2	3	5	8	15

同时，为了反映学生（学徒）的整体表现，对岗位初识阶段和岗位轮训阶段的考核内容赋予权重，设计了两个阶段考核表，并将考核结果作为学生评优评先、录取聘用的重要依据。

2. 退出管理

一方面，在学习期间，学徒如果无法适应现代学徒制项目，可以提出转出学徒班申请或退学申请，但须经学校、企业双方协商同意后方可转专业或退学。另一方面，在学习期间，学徒如有某些违反管理制度的行为，学校和企业双方可进行协商，在达成共识后可将其劝退。

重庆财经职业学院金融学院在试点过程中，专门颁布了《现代学徒制班级管理制度》，规定学徒在学习期间存在以下行为时，校企双方协商后有权将其劝退，由此产生的后果由学徒自行承担：

（1）学徒不服从学校、企业双方共同制定的教学安排；

（2）严重违反学校学生管理制度或企业相关管理规定、劳动纪律；

（3）两门必修课程考核结果为不及格。

参考样本 1：班级管理办法

重庆财经职业学院金融学院试点专业
现代学徒班班级管理办法

为规范重庆财经职业学院金融学院××专业学徒班（以下称"本班"）班级管理，维护班级正常秩序，保障学生合法权益，培养德、智、体、美、劳全面发展的技术技能人才，依据《中华人民共和国教育法》《中华人民共和国高等教育法》《普通高等学校学生管理规定》《重庆财经职业学院章程》《重庆财经职业学院学生管理规定》以及有关法律、法规，结合××专业现代学徒班人才培养方案，制定本办法。

一、班级组建方式

本班学生人数原则上不超过 25 人，于每年 11 月从××专业大一学生中选拔。

选拔方式：企业面试。由本班合作企业组织，对报名参加现代学徒制的学生面试，并按得分高低进行排名，经校企双方协商，最后选拔 25 名学徒，组成班级。

二、学生在校学习管理

本班学生在校学习期间的管理，参照《重庆财经职业学院学生手册》执行。学校应为本班安排辅导员，对学生进行统一管理。学生应积极参加学校组织的各项活动，按要求完成学校的理论学习任务。企业师傅应通过线上和线下相结合的方式，对学生进行指导。

三、学生在企业学习管理

（一）管理组织

学生进入企业学习后，学校应安排带队教师深入企业对学生进行管理。若学生在企业不同网点进行学习，还应在原有班委成员的基础上，增加各网点负责人，以确保对各网点学生的情况都了如指掌。带队教师负责学生的日常管理、思想教育和心理健康教育；负责学校与企业的沟通，通过沟通将可能出现的问题降到最少。

（二）学生权利义务

1. 学生在企业学习期间依法享有以下权利：

（1）《中华人民共和国劳动法》规定的各项权利；

（2）向有关部门检举违法违纪的权利；

（3）跟随企业师傅进行轮岗和定岗学习的权利；

（4）按照企业课程考核规定获得企业课程考核成绩的权利；

（5）获得校、企、生三方协议中规定的相应报酬的权利；

（6）公平参加企业岗位竞聘的权利；

（7）向企业献言献策的权利；

（8）对企业给予的处分或处理提出异议申述的权利；

（9）法律、法规及校企生三方协议规定的其他权利。

2. 学生在企业学习期间应依法履行下列义务：

（1）遵守国家法律、法规及学校、企业的规章制度；

（2）自觉维护企业利益、保守企业秘密，未经企业允许，严禁将工作相关资料带出工作场所或上传网络平台；

（3）认真学习，努力提升业务水平，按要求参加企业组织的各项培训和考核；

（4）时刻保持与学校带队教师和双导师的联系，按时完成学校和企业要求提交的企业学习日志，并接受企业课程考核；

（5）法律、法规及校企生三方协议规定的其他义务。

（三）企业学习考核

企业学习考核按企业课程考核方案进行。企业课程考核方案由课程负责人制定。学生应当按课程考核方案的要求进行考核，确因特殊原因不能参加课程考核者应按学校相关规定申请缓考。

当期学徒企业学习期间缺勤数占总学习天数30%以上者，不能参加本次企业学习期间的企业课程考核，该次企业课程成绩按"0"分记载。

学生每学期考核不合格的企业课程，在假期跟随企业导师重新学习。

（四）处分

学生在企业学习期间，应严格按照学校、企业规定规范个人行为，如果违反学校和企业的规章制度，学校、企业可按规定对其进行处分。视情节的严重程度不同，处分分为警告、严重警告、记过、留校（企）察看和开除学籍（取消学徒资格）。学生的处分应经现代学徒制工作小组成员研究后，按学校规定流程审议。

对于多次违反企业规章制度、影响极坏或严重破坏企业、学校的声誉的学生，企业可以取消其学徒资格，学校可开除其学籍。

四、退出机制

学生若无法适应现代学徒制项目，可以提出转出学徒班申请或退学申请，但须经学校、企业双方协商同意后方可转出班级或退学。

学生如有以下行为，学校和企业双方协商达成共识后有权将其劝退，由此产生的后果由学生自行承担：

（1）不服从学校、企业双方共同制定的教学安排；

（2）严重违反企业相关管理规定、劳动纪律；

（3）两门必修课程考核结果为不及格。

在企业学习期间，学生不得无固离开工作岗位，如确因特殊原因需离职的，需提前半个月提出书面申请，经企业批准后方可离职，并做好工作交接。

退出本班的学生原则上安排到试点专业普通班级学习。学生退出后，本班学生人数相应递减，不再新增。

重庆财经职业学院金融学院

2019 年 10 月 22 日

参考样本 2：学徒定岗考核表

重庆财经职业学院金融学院学徒定岗考核表

实践企业			实践岗位			标准分	评分
学徒姓名			实践时间				
企业师傅			学校导师				
考勤情况	迟到、早退（次）	事假、病假（天）		出差（天）	工作（天）		
考核项目	考核内容						
工作纪律 20分	遵守公司关于工作纪律和安全保密有关规定，否则每次每项扣2分					5	
	遵守公司关于考勤和培训的有关规定，否则每次每项扣2分					5	
	遵守公司关于着装和仪容的有关规定，否则每次每项扣1分					5	
	遵守公司关于行为举止和基本礼仪的规定，否则每次每项扣1分					5	
	小计得分					20	
工作态度 40分	工作积极性	坚持学习业务知识，积极主动向企业师傅学习				5	
		乐于接受工作任务，对于额外工作任务能够主动承担并高质量完成				5	
		在工作中善于发现问题，并提出思路和建议				5	
	工作协作性	善于与他人合作，相互支持，充分发挥各自优势，保持良好的团队氛围				5	
		能够与人良好沟通，建立相互信任和良好的协作关系				5	
	工作责任心	在工作时，不扯皮，不推诿，不敷衍了事				5	
		工作失误时，不逃避责任，不敷衍上司				5	
		当公司或部门利益与个人利益冲突时，以公司或部门利益为重，顾全大局				5	
	小计得分					40	

工作能力40分	工作效率	工作中非常讲时间观念，能够快速地执行工作任务，井然有序，注重方法	5	
		能正确理解师傅安排的工作，在执行过程中能主动调动资源以达成目标	5	
		对工作中遇到的问题，不仅敢于快速向师傅反映，还能找出解决方案	5	
	专业技能	熟悉岗位的工作流程和相关事项，能完全胜任本职工作	5	
	工作业绩	工作目标达成情况	5	
		工作量	5	
		工作质量	5	
		客户满意度	5	
小计得分			40	
总计得分			100	
企业鉴定	工作纪律	□优（15~20）　　□良（10~14） □一般（5~9）　　□较差（0~4）		
	工作态度	□优（30~40）　　□良（20~29） □一般（10~19）　　□较差（0~9）		
	工作能力	□优（30~40）　　□良（20~29） □一般（10~19）　　□较差（0~9）		
综合评价	□优 □良 □一般 □较差	企业师傅签字		
沟通确认（学徒签字）				

重庆财经职业学院金融学院学徒企业学习管理细则

1. 学生必须以企业员工标准要求自己，遵守企业各项规章制度，服从企业领导和师傅的安排，认真学习技术技能，顺利完成企业学习任务；

2. 学生必须按时上班，迟到者扣 2 分，特殊情况除外；

3. 如有课程安排，学生必须按时上课，迟到旷课者扣 2 分（迟到按旷课处理）；

4. 学生工作期间不准玩手机，一经发现每人次扣 1 分，出于工作需要的除外，没有工作或者师傅休班的情况下，可以到休息室或教室使用手机，但不准打游戏；

5. 师傅工作时徒弟必须在场，如发现私自休息或离岗者，每人次扣 1 分；

6. 学生上课期间玩手机者每人次扣 1 分，出于学习需要情况的除外；

7. 学生在企业工作时务必注意安全，在师傅指导下正确使用工具，如发现打闹、串岗等安全问题，每人次扣 1 分；

8. 学生在企业学习期间必须尊重每一位师傅，如有问题可向辅导员或企业经理反映，严禁与师傅发生口角等，如发生每人次扣 5 分；

9. 学生必须按时完成实训报告，每位学生每月必须完成一次实训报告，实训报告月底检查，未完成者扣 5 分；

10. 各师傅每月评选 1 名优秀学生，每人加 2 分，班级每次轮岗期间评选 1 名优秀学生，每人加 5 分；

11. 宿舍舍长负责本宿舍的纪律和生活，中午 1：50 由舍长负责通知本宿舍成员起床、打扫卫生等，打扫卫生的同学不能迟到；

12. 学生因特殊原因需要离开企业的（外出工作、学习、家里特殊事情等），须经企业师傅、生活辅导员和专业辅导员批准后报企业经理；

13. 其他未尽事宜由企业经理根据实际情况做出处理。

参考文献

王金兰，陈玉琪，2017. 现代学徒制专业试点实践指导［M］. 广州：广东高等教育出版社：103-133.

黄勤芳，赵轩毅，2020. 高职现代学徒制下跟岗实习管理问题探究［J］. 桂林师范高等专科学校学报，34（6）：110-113.

陈志芳，孙春萍，2020. 现代学徒制模式下高职学生管理工作研究［J］. 产业与科技论坛，19（17）：265-266.

程文浩，2020. 现代学徒制模式下的高职学生管理探索［J］. 产业与科技论坛，19（6）：242-243.

曲斌，2020. 基于现代学徒制"234"学生管理模式的研究与探索［J］. 职业教育，19（26）：20-24.

陈康，2018. 贵州高职院校现代学徒制面临困境及治理研究［D］. 贵阳：贵州财经大学：54-57.

王玮，胡枫，2020. 现代学徒制视角下高职院校学生管理工作探索与研究［J］. 创新创业理论研究与实践（22）：164-165，168.

仇志熠，陈晓军，2020. 现代学徒制下高职院校学生管理工作的实践与研究［J］. 高教学刊（5）：154-156.

田方，2020. 现代学徒制模式下校企合作中学生管理工作探析［J］. 中小企业管理与科技（9）：126-127.

赵鹏飞，2014. 现代学徒制人才培养的实践与认识［J］. 中国职业技术教育（21）：150-154.

陈媛媛，2016. 传统学徒制度与现代学徒制度的比较研究 [J]. 企业论坛（6）：99.

梅红霞，2018. 中国传统学徒制文化意蕴与传承研究 [D]. 桂林：广西师范学院.

吴洪成，郭海洋，2019. 传统学徒制度在近代中国的嬗变 [J]. 职教史话（6）：153-157.

凡鸿，2016. 传统学徒制下的汉绣艺术教育 [J]. 美术大观民族艺术（8）：94-95.

滕金燕，陈明昆，2018. 传统学徒制在东西方的形态变迁及其对技术传承的影响 [J]. 职教通讯（17）：68-73.

芮小兰，2008. 传统学徒制与现代学徒制的比较研究 [J]. 消费导刊文化研究（2）：216-217.

顾月琴，2018. 传统与现代：学徒制的发展历程与比较 [J]. 职教历史与比较研究（9）：62-66.

武家磊，花鸥，2019. 从传统到现代：我国学徒制发展历史研究 [J]. 创新与创业教育，10（2）：66-69.

王明刚，2016. 多角度辨析传统学徒制与现代学徒制 [J]. 黑龙江教育学院学报，35（9）：154-156

杨永兵，王雨馨，杨勇，2019. 近30年来我国传统学徒制研究综述 [J]. 当代职业教育（3）：60-65.

李引霞，2019. 认知与耦合：高职现代学徒制教学改革必走之路 [J]. 导科刊教（21）：4-6.

乔忠玲，2017. 如何从传统学徒制走向现代学徒制 [J]. 科教论坛（9）：50-92.

赵瑞婷，2017. 我国学徒制的发展历程与策略 [J]. 人文社会科学版，14（11）：16-21.

陈明昆，颜磊，刘亚西，2016. 现代学徒制的"现代性"诠释 [J]. 职业教育政策与制度（6）：48-52.

王丽婷，2019. 现代学徒制人才培养模式研究 [D]. 广州：广东技术师范大学.

　　郭妍研, 2016. 现代学徒制人才培养研究 [D]. 天津: 天津大学.

　　翟志永, 2021. 高职现代学徒制"双导师"师资队伍构建探讨 [J]. 现代职业教育 (19): 216-217.

　　张源淳, 孙帮华, 2020. 现代学徒制与传统学徒制运行机制比较研究: 以宁夏工商职业技术学院为例 [J]. 机电教育创新 (10): 156-158.

　　王平, 2015. 新中国成立以来我国学徒制政策的演变、问题与调适 [J]. 教育与职业 (22): 13-17.

　　赵伟, 2013. 学徒制发展的历史逻辑和我国的选择 [J]. 中国职业技术教育 (10): 33-37.

　　张可然, 2015. 中国传统学徒制对现代学徒制发展的启示 [J]. 高教学刊 (24): 168-169.

　　路宝利, 2017. 学艺商贾: 中国传统商业学徒制研究 [J]. 河南科技学院学报 (10): 39-44.

　　梁作华, 杨继勇, 刘婷, 2021. 现代学徒制高素质"双导师"队伍建设措施的研究 [J]. 汽车实用技术, 46 (3): 176-178.

　　莫小军, 2018. 新型学徒制与传统学徒制的对比分析 [J]. 装备制造技术 (12): 257-259.

　　贾文胜, 何兴国, 2020. 美国现代学徒制运行机制研究 [J]. 浙江社会科学 (11): 149-154, 160.

　　武德力, 吴娜, 2020. 浅谈现代学徒制中双导师协同机制的构建 [J]. 广东交通职业技术学院学报, 19 (3): 125-128.

　　郭达, 申文缙, 2020. 世界一流学徒制标准探析及启示: 基于七国学徒制发展经验的分析 [J]. 职教论坛, 36 (7): 168-176.

　　许龙成, 2020. 澳大利亚高等学徒制内涵解读及培训标准研究 [J]. 职教论坛, 36 (5): 170-176.

　　丁倩文, 2020. 英、美两国现代学徒制比较研究 [D]. 苏州: 苏州大学.

　　孟瑜方, 徐涵, 姜春云, 2020. 澳大利亚维多利亚州学校本位学徒制浅析 [J]. 职业教育研究 (4): 80-85.

　　张建设, 2020. 英国与澳大利亚人才培养模式对我国的启示 [J]. 陕西

参考文献

广播电视大学学报，22（1）：32-35.

薛栋，2020. 美国学徒制发展战略的最新进展及其启示［J］. 职教论坛（1）：170-176.

马选，霍玉洁，2019. 国外现代学徒制职业教育模式的比较研究［J］. 现代职业教育（36）：20-21.

张伟罡，翁伟斌，2019. 远程企业导师制：推进现代学徒制的新探索［J］. 职业技术教育，40（35）：53-56.

闻姝清，2019. 职业院校项目教学融入导师制和现代学徒制的实践思考［J］. 课程教育研究（50）：8.

石永洋，2019. 现代学徒制背景下高职院校"双导师"团队建设改进研究［D］. 南宁：广西大学.

许晓婷，2019. 现代学徒制下的双导师机制探索［J］. 现代职业教育（30）：222-223.

叶振弘，2019. 澳大利亚职业教育体系考察和研究［J］. 现代职业教育（27）：1-3.

周武杰，2019. 基于现代学徒制的中职烹饪专业企业导师队伍建设研究［J］. 职教通讯（18）：75-78.

马君，李姝仪，2019. "扩大学徒制"计划：美国现代学徒制改革的新思路［J］. 中国职业技术教育（27）：50-59.

伏梦瑶，2019. 美国"扩大学徒制"计划动向与启示［J］. 职教通讯（17）：65-71.

杨丽波，王丹，2019. 企业参与现代学徒制激励机制的国际经验及启示［J］. 职业技术教育，40（20）：74-79.

韩飞，2019. 现代学徒制试点中"双导师制"建设的问题与对策［J］. 职教通讯（12）：46-49.

王珩鑫，2019. 现代学徒制视野下高职院校"双导师"制实施现状研究［D］. 扬州：扬州大学.

娄梅，2019. 现代学徒制双导师团队创新创业能力培养模式研究：以投资与理财现代学徒制专业试点办学为例［J］. 广东交通职业技术学院学报，18（2）：114-117.

闫立娜，2019. 瑞士现代学徒制研究［D］. 大庆：东北石油大学.

冯俊丽，2019. 澳、英现代学徒制比较研究［D］. 广州：广东技术师范大学.

张志丽，2019. 福建省中等职业学校酒店人才培养模式创新［D］. 福州：福建师范大学.

孟通通，2019. 美国注册学徒制研究［D］. 石家庄：河北师范大学.

陈京来，2019. 二十世纪八十年代以来澳大利亚现代学徒制发展研究［D］. 兰州：西北师范大学.

黄雪薇，2019. 基于政府介入的现代学徒制企业师傅遴选研究［D］. 广州：华南理工大学.

高武，2019. 瑞士现代学徒制发展：经验与启示［J］. 职业技术教育，40（12）：30-34.

齐红阳，2019. 澳大利亚新学徒制及其对我国学徒制改革的启示［J］. 辽宁省交通高等专科学校学报，21（2）：67-71.

左彦鹏，李娅玲，2019. 澳大利亚现代学徒制的发展历程、成效与优势［J］. 职教论坛（4）：157-162.

徐峰，石伟平，2019. 瑞士现代学徒制的运行机制、发展趋势及经验启示［J］. 职教论坛（3）：164-170.

过筱，石伟平，2019. 澳大利亚现代学徒制的演进过程、特点分析与经验启示：基于20年的政策回顾［J］. 职业技术教育，40（6）：36-41.

门超，2019. 人才培养视阈下瑞士现代学徒制的历史脉络、经验考量及启示［J］. 南宁职业技术学院学报，24（1）：62-66.

陈慧芝，2018. 浅论现代学徒制中校企"双导师"的聘任管理与考核评价［J］. 现代职业教育（34）：78-79.

韩玉辉，张庆玲，2018. 基于现代学徒制的高职"双导师"队伍建设探索与实践［J］. 中国职业技术教育（34）：88-90.

杨登奎，2018. 中职学校现代学徒制下"双导师"教学团队的建设探究：以宁波市鄞州职业教育中心学校为例［J］. 职教通讯（22）：74-76.

王振宇，杜建忠，2018. 现代学徒制下"双导师"教学团队建设探究：以汽车运用与维修专业为例［J］. 江苏教育（84）：49-52.

周灵娜，2018. 澳大利亚新学徒制培养模式发展现状分析 [J]. 教育教学论坛 (36)：264-265.

杨丽波，闫立娜，2018. 瑞士两年制学徒培训对我国现代学徒制的启示 [J]. 职业技术教育，39 (22)：74-79.

张惠君，2018. 瑞士现代学徒制的内容体系、发展特色及其对我国的启示 [J]. 教育与职业 (14)：18-24.

宋保兰，2018. 澳大利亚 TAFE 职业教育对我国的启示 [J]. 教育与职业 (12)：110-112.

张春，李竞赛，2018. 现代学徒制烹饪类专业"双导师"队伍建设的探索与实践 [J]. 职业技术教育，39 (11)：64-66.

方绪军，2018. 瑞士职业教育现代学徒制的历史脉络、本土特色以及启示 [J]. 教育与职业 (5)：98-103.

温振丽，2018. 澳大利亚现代学徒制的变革及其启示 [D]. 杭州：杭州师范大学.

吴传刚，石瑞敏，马莉，2018. 瑞士现代学徒制的机制分析与经验借鉴 [J]. 黑龙江高教研究 (1)：63-65.

顾心怡，杨志强，2017. 基于现代学徒制的"双导师"师资队伍建设研究 [J]. 职教通讯 (28)：64-67.

韩永霞. 现代学徒制人才培养模式的四国经验及其借鉴 [J]. 辽宁高职学报，2017，19 (6)：3-6，12.

陆志慧，2017. 澳大利亚新学徒制及对我国学徒制教育的启示 [J]. 教育与职业 (11)：109-112.

彭跃刚，石伟平，2017. 美国现代学徒制的历史演变、运行机制及经验启示：以注册学徒制为例 [J]. 外国教育研究，44 (4)：103-114.

孔祥平，2016. 美国注册学徒制对我国现代学徒制试点的启示 [J]. 荆楚理工学院学报，31 (5)：37-40.

孙日强，石伟平，2015. 国际视野下学徒制质量保障的实践举措与制度框架研究 [J]. 职教论坛 (25)：34-37.

黄晓英，2014. 德国双元制职业教育对职业学校教学改革的启示 [A] // 中国职协 2014 年度优秀科研成果获奖论文集（下册）. 北京：中国职工教育和职业培训协会秘书处：8.

吴艳红，2013. 英澳现代学徒制比较研究 ［D］. 南昌：东华理工大学.

陈国亮，王春艳，2014. 基于区域经济发展的江苏高职模具专业教学标准开发 ［J］. 职业教育研究（3）：20-21.

崔发周，2020. 工作手册式教材的基本特征与改革策略 ［J］. 教育与职业（18）：97-103.

韩肃，2017. 浅谈现代学徒制合作企业的选择问题 ［J］. 哈尔滨职业技术学院学报（4）：8-10.